MANUEL
DES ROIS,

OU

DES DROITS ET DES DEVOIRS DES SOUVERAINS.

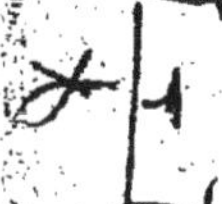

Paris. P. N. N. ROUGERON, Imprimeur de S. A. S. Madame la Duchesse Douairière d'Orléans, rue de l'Hirondelle, N.° 22.

MANUEL
DES ROIS,

OU

DES DROITS ET DES DEVOIRS
DES SOUVERAINS.

PAR M. CHAS.

A PARIS,

CHEZ CHARLES VILLET, Libraire, rue de Grenelle Saint-Germain, N.° 58, en face de la Fontaine.

1817.

AVERTISSEMENT.

Nous ne faisons qu'énoncer dans l'opuscule que nous publions aujourd'hui les principes les plus importans du Contrat Social, sur lesquels sont fondés la grandeur et la stabilité des empires, la prospérité et le bonheur des peuples ; nous y donnerons plus de développement et d'étendue dans un *Traité complet des Droits et des Devoirs des Souverains*, que nous nous proposons de publier bientôt. Nous avons puisé dans les sources les plus pures la vérité et les avantages de ces dogmes politiques, qu'on n'a traités jusqu'ici que superficiellement ; nous nous sommes environnés des lumières et de l'autorité des publicistes qui ont étudié et approfondi la science de la politique et l'art de la législation.

MANUEL
DES ROIS,
OU
DES DROITS ET DES DEVOIRS
DES SOUVERAINS.

QUOIQUE nous soyons convaincus de cette vérité primitive, dont nous parlerons bientôt, que la royauté est d'institution divine, nous voulons bien admettre cette hypothèse, qu'avant l'institution et l'organisation des sociétés politiques, la souveraineté appartenoit à tous les membres de l'association générale. Chaque homme étoit souverain, puisqu'il étoit indépendant; magistrat, puisqu'il étoit interprète des lois renfermées dans son cœur; juge enfin des différens qui naissoient entre lui et ses semblables; il n'avoit que la force ou la ruse pour défendre ses droits naturels, il étoit oppresseur ou opprimé, tyran ou esclave; l'homme foible voyoit sa subsistance devenir la proie du plus fort, il végétoit dans ses forêts au hasard, sans loi, sans mœurs, exposé à la rigueur des saisons et à la fureur des bêtes féroces:

Origine de la souveraineté.

il étoit impossible qu'une pareille société subsistât long-temps ; on comprit qu'il falloit réunir la volonté et la force de chacun, en former un faisceau, et confier l'administration à un seul pour veiller à la défense de la liberté générale, à la conservation des propriétés de tous, et des fruits de leur industrie et de leurs travaux.

Par un nouveau pacte social, l'universalité de la nation a transmis la souveraineté à un représentant héréditaire qu'elle a nommé et choisi ; la volonté nationale a sanctionné cet acte solemnel. Les droits souverains ont été établis sur de nouvelles bases ; le contrat de transmission a reçu toute sa perfection, et le peuple ne peut plus le révoquer, ni reprendre son titre primitif de souveraineté, sans violer la foi des traités, et sans ouvrir les sources des dissentions intestines ; et si, comme l'observe Rousseau, il est contre l'ordre que le grand nombre gouverne, il est certain qu'on ne peut plus investir le peuple du droit d'exercer la puissance souveraine, parce que cet exercice lui seroit funeste, et le conduiroit à l'anarchie et à l'esclavage. Cette conséquence a paru si naturelle à l'auteur du *Contrat-Social*, qu'il déclare que les peuples, une fois accoutumés à des maîtres, ne sont plus en état de s'en passer : s'ils tentent d'en secouer le joug, ils s'éloignent d'autant plus de la liberté que, prenant pour elle une licence effrénée qui lui est opposée, ils se livrent presque toujours à des séducteurs qui ne peuvent qu'appesantir leurs chaînes.

La nation ayant transmis à son chef ses droits de souveraineté, il doit les exercer tels qu'il existoient dans leur origine primitive. Par le nouveau pacte social, le peuple a fait passer à son représentant héréditaire son entendement, sa volonté, sa puissance, et toute la plénitude du pouvoir suprême. Lorsque la nation exerçoit la souveraineté, elle l'exerçoit par un acte de la volonté générale; mais lorsqu'elle a déterminé par l'exercice même de cette volonté générale qu'il est plus avantageux pour elle de céder la souveraineté, elle change de destination; alors ce qui fait la loi, c'est la volonté de celui que le peuple a chargé de la faire, alors cette volonté passe avec raison pour la volonté générale. C'est ainsi que le chef de la nation est véritablement son représentant héréditaire. Dans une monarchie absolue, le monarque réunit le pouvoir législatif et la puissance exécutrice. Ces deux droits constituent essentiellement la souveraineté dans toute sa plénitude, sans division, ni partage; elle est l'ame de la vie politique, le symbole de l'empire suprême et le fondement de la liberté et du bonheur des peuples. En parlant des droits des souverains, nous ne considérons que les rois absolus qui exercent le pouvoir législatif et la puissance exécutrice.

Du gouvernement absolu.

Examinons la nature et l'excellence du gouvernement absolu. Dans ce gouvernement, le monarque jouit du pouvoir législatif et de la puissance exécutrice dans toute leur plénitude; mais il gouverne par des lois constitutives ou fondamentales; il réunit la pensée qui conçoit, l'ame qui dirige, la volonté qui exécute. Le roi, investi du double pouvoir de faire les lois, et de les faire exécuter, n'exerce point une autorité despotique; les lois qu'il établit et qu'il proclame, sont des lois positives et des réglemens administratifs; il ne peut point changer de son propre mouvement, et par sa propre volonté, les lois fondamentales de l'Etat; il en est le dépositaire, le gardien, le conservateur et le sujet; les lois constitutives sont l'ouvrage de la volonté nationale; par les clauses du contrat primitif, le chef de la nation est obligé d'y obéir et de les défendre; la monarchie absolue n'est donc point le despotisme, puisque le roi est soumis à ces lois fondamentales qui fixent les droits de son autorité et prescrivent ses devoirs. Le despotisme n'est point un gouvernement, comme le prétend Montesquieu, mais une corruption du gouvernement ; c'est un état violent ; une maladie politique, une confusion d'ordre, un principe désorganisateur qui substitue la force au droit, le caprice à la loi, et l'oppression à la justice. Alors il n'y a plus de gouvernement, il n'y a plus de patrie, il n'y a plus de citoyens ; c'est une anarchie permanente ; tous les liens de l'ordre social sont rompus, il n'existe aucune garantie pour assurer le droit de propriété, on ne voit qu'un despote et des esclaves.

Ce n'est point dans un siècle éclairé par les progrès de la raison, et par les lumières de la philosophie, que les rois absolus de l'Europe exerceront le despotisme et opprimeront leurs peuples. Tout est changé dans les principes des gouvernemens. Les rois comprennent aujourd'hui cette vérité éternelle, que leur autorité est fondée sur les maximes de la justice, de la morale et de la religion ; que leur trône ne peut être affermi que sur l'amour des peuples, et que si l'on porte atteinte aux lois fondamentales qui font la force du gouvernement, on lui donne la mort ; ils savent concilier les droits de la souveraineté avec la liberté publique, et en défendant les prérogatives du trône, ils travaillent au bonheur de leurs sujets ; ils comprennent que le despotisme ne peut être avantageux, ni à celui qui l'exerce, ni à ceux contre lesquels l'on voudroit l'exercer. Ils sentent que la tyrannie anéantit la sûreté du souverain en détruisant l'affection des sujets ; ils voient que des lois équitables sont les soutiens les plus fermes des nations et des trônes ; ils s'aperçoivent que le prince ne peut se rendre heureux tout seul, ni se faire un bien-être distingué de celui de la société dont il est le chef ; ils trouvent que la vertu seule fait fleurir les empires, que sans elle il n'est ni vraie grandeur, ni vraie puissance, ni vraie gloire, ni sûreté véritable ; tout leur prouve que la vertu du souverain fait éclore la vertu du peuple dont l'effet est de produire et la félicité publique et la félicité particulière ; tout leur prouve que la morale est la même pour le monarque et le citoyen, pour les nations et pour les familles, pour la société et pour les membres dont elle est composée, et que nulle puissance ne peut impunément violer les règles immuables dont la base se trouve dans la nature de l'homme.

Les rois ont pour obstacle dans l'exercice de leur autorité absolue et l'opinion publique, et l'empire des mœurs, et les représentations des corps intermédiaires. — Comme la mer, dit Montesquieu, qui semble couvrir la terre, est arrêtée par les herbes et les moindres graviers qui se trouvent sur le rivage ; ainsi le monarque, dont le pouvoir paroît sans bornes, s'arrête par les plus petits obstacles, et soumet sa fierté naturelle à la plainte et à la prière. La loi naturelle et la religion y mettent de nouvelles barrières en disant : Rois de la terre, pratiquez la justice et la clémence, pour affermir votre souveraineté et pour obtenir l'amour et le respect de vos sujets.

Dans le gouvernement absolu, le souverain a auprès de lui un conseil d'Etat, qui est le principe et le modérateur de ses actions. Tel est dans le corps social, observe un écrivain publiciste, cet esprit invisible qui pense, délibère, et imprime un nouveau principe de mouvement et d'activité aux rouages de la machine. C'est lui qui examine, approfondit les lois sur les différentes parties de l'administration avant leur promulgation. Il est auprès du monarque l'organe de la vérité, l'interprète du vœu national, le symbole de la sagesse et le mandataire de la nation. Il donne au monarque des conseils sur les grands objets de l'administration, l'éclaire, sans combattre son pouvoir, lui montre l'étendue de ses devoirs, défend les droits de la souveraineté, en respecte l'exercice, écarte de ses délibérations ce système d'opposition toujours contraire à l'ordre public, et souvent subversif de l'autorité souveraine. Dans ce gouvernement absolu, les ministres font connoître les besoins des peuples au monarque qui ne peut porter ses regards dans toutes les parties d'un grand empire, et lui portent les vœux de ses sujets. Ces ministres sages ne déguiseront point les plaies de l'Etat ; ils parleront au souverain avec courage, et lui indiqueront les moyens d'ouvrir les sources de la félicité publique ; ils présenteront aux pieds du trône l'innocence opprimée, la vertu négligée, le mérite toujours modeste et timide oublié ; ils soutiendront les lois, défendront la justice, et protégeront la liberté publique. Une loi examinée, discutée et approfondie dans le conseil d'Etat et dans le conseil des ministres, en présence du roi, par des hommes sages et éclairés, qui réunissent la science de la législation aux lumières de la politique, ne peut être que le fruit d'une longue méditation et d'une profonde sagesse. Ces organes de la volonté du monarque connoissent les besoins de l'Etat comme administrateurs ; comme propriétaires, ils sont intéressés par devoir et par sentiment à conserver sa gloire et à augmenter sa prospérité.

Quoique le gouvernement absolu réunisse tous les pouvoirs entre les mains du monarque, il suppose un ordre constant dans l'établissement, dans la publication, dans la révocation des lois. Ces solemnités n'ont pas seulement pour objet d'assurer le dépôt des lois, mais de prouver à la nation que la loi n'est pas l'effet d'une surprise faite à la sagesse de celui qui gouverne, que les intérêts du peuple lui ont été présentés par ceux qu'il a choisis pour son conseil.

Le spectacle de l'univers donna aux premiers fondateurs des sociétés politiques le modèle du gouvernement qu'ils devoient établir. Ils contemplèrent cet astre unique et éclatant qui répand sa lumière bienfaisante, fertilise les campagnes, vivifie et embellit la nature; ils comprirent qu'il falloit au corps social un centre du pouvoir souverain et d'unité. Ils portèrent leurs regards plus loin, ils découvrirent que Dieu avoit créé l'univers, et présidoit à son harmonie et à sa conservation. On vit donc qu'il falloit un chef unique qui régît l'Etat comme le soleil féconde la nature, et comme un dieu gouverne l'univers. Locke prouve que l'idée de la monarchie dut se présenter à l'idée des premiers législateurs des nations. « Le gouvernement d'un seul, dit un écrivain politique, est le plus près de la nature humaine; il n'y a visiblement dans le monde intellectuel qu'une intelligence qui conçoit, qu'un pouvoir suprême qui agit, qu'une volonté qui exécute. L'autorité souveraine d'un seul est donc conforme au suprême modérateur de l'univers, dans lequel on voit unité de dessein, promptitude d'exécution, où l'on voit sa puissance s'enchaîner aux lois constantes de la nature, et n'être limitée que par sa sagesse et sa justice à maintenir cet ordre admirable. — La situation des affaires publiques, dit Grotius, est souvent telle, que l'Etat est perdu, si le peuple ne se soumet à la domination absolue d'un seul. — La monarchie, dit Puffendorf, a un grand avantage sur les autres formes de gouvernement, car le roi peut délibérer et donner ses ordres en tout temps, et en certains lieux réglés. Sous le gouvernement d'un seul, Montesquieu pense que l'Etat est plus fixe, la constitution devenue inébranlable suit le commandement avec la même promptitude d'exécution, que la flèche suit la volonté qui la fait partir. La puissance souveraine atteint par-tout avec la rapidité de la pensée, et se porte, pour ainsi dire, dans toutes les parties de l'empire sans contradiction et sans obstacle; de là cette unité dans les résolutions, cette célérité dans l'exétion, ce secret, cette prévoyance, qui donnent tant d'avantage au gouvernement d'un seul. Boulanger, cet écrivain qui nous a peint avec des traits de flamme les crimes du despotisme, dit que le gouvernement, qui a pour fondement l'unité du pouvoir souverain, doit être le plus sage et le plus heureux de tous. Il est le chef-d'œuvre de la raison humaine, et comme le port où le genre humain battu par la tempête a trouvé sa félicité. «Archimède, dit Rousseau, assis tranquillement sur le rivage, me représente un monarque habile, gouvernant de son cabinet ses vastes états, et faisant tout mouvoir en paroissant immobile. — Ce qu'il y a d'estimable dans ce gouvernement, observe un savant publiciste, c'est qu'il n'a pas été la suite d'une législation particulière, ni d'un système medité : il a été l'ouvrage d'une profonde sagesse qui doit être regardée comme la législatrice et la loi fondamentale de cet heureux et sage gouvernement : c'est elle qui a donné une législation capable de suivre dans ses progrès le génie du genre humain, et d'élever l'édifice social pour la stabilité des empires et la prospérité des peuples. — Les Etats monarchiques, dit un écrivain politique, sont à la fois les plus peuplés et les plus riches en raison de la nature et de la situation de leur sol : dans ce gouvernement, les citoyens vivent sous la protection et l'autorité des lois, et jouissent d'une existence également libre et heureuse; aucune affaire publique ne les distrait de leurs affaires privées; leurs propriétés et leur commerce ne redoutent aucune entrave. La population ménagée par le souverain reçoit un accroissement régulier que la sûreté des établissemens favorise de plus en plus. — Ainsi que différens faisceaux de rayons solaires, dit un poète arabe, concentrés dans un foyer commun, ont plus de chaleur et d'intensité qu'ils n'en ont séparés, ou dispersés en divers foyers ; de même aussi toutes les puissances d'une nation, réunies dans les mains d'un seul, ont incomparablement plus de force et d'activité qu'elles n'en peuvent avoir distribuées, et, pour ainsi dire, éparses dans les mains de plusieurs. » Quelle sublime apologie que cette unanimité d'opinions chez tous les êtres instruits depuis Homère jusqu'à Montesquieu ! Qu'elle est antique cette opinion qui place la monarchie indépendante au premier rang des heureuses conceptions de l'esprit, ou plutôt qui la fait regarder comme le gouvernement de la nature même.

Dans le gouvernement absolu, il existe un centre unique de pouvoir souverain. Ce centre est nécessaire pour donner à tous les ressorts de la machine politique ce mouvement régulier qui est la vie du corps social, et pour imprimer aux lois un caractère de force et de stabilité que commandent l'amour et le respect. L'autorité souveraine ne peut être divisée. Deux pouvoirs suprêmes rivaux seront sans cesse armés les uns contre les autres ; ils ne peuvent exister que

pendant

pendant le temps nécessaire à la destruction du plus foible ; s'ils sont de force égale, leur combat perpétuel anéantira le corps politique. Il ne peut donc y avoir qu'un centre unique ; chaque exercice de différens pouvoirs doit partir immédiatement de sa source, et y revenir continuellement. Tout pouvoir tend à l'unité par un ascendant invincible ; sans cette unité, il ne peut y avoir de gouvernement, puisque l'anarchie n'est que la destruction de cette unité.

L'unité du pouvoir souverain en fera la force, elle arrêtera ces tristes et sanglantes révolutions qui annoncent presque toujours les vices des lois, la foiblesse des gouvernemens et la corruption des mœurs. Elle affermira la constitution contre les provocateurs de l'anarchie et les sectateurs des innovations. Le monarque, comme souverain, comme législateur, comme exécuteur suprême des lois, s'armera de la force militaire, s'environnera de la volonté générale pour réprimer les factions et maintenir l'ordre public ; vers lui se reportent tous ces rayons qui forment un faisceau de force et de lumière. « C'est l'étincelle électrique, dit un publiciste, qui se fait sentir en même temps aux deux extrémités de la chaîne. La loi parcourt paisiblement tous les points de la circonférence, frappe sur tous les partis, et ramène tous les cœurs à l'obéisance et à l'ordre social». Il faut un point unique où se réunissent toutes les pensées et d'où partent toutes les actions : quel gouvernement peut plus sûrement procurer aux hommes tous les biens de la société, que celui où l'autorité souveraine, concentrée dans une seule personne, et débarrassée de toutes les entraves qu'elle rencontre dans une multitude de magistrats, s'exerce sans partage quand il est question du bien général, et trouve dans la constitution des lumières, des conseils et des obstacles, quand elle est prête à s'égarer. Des pouvoirs divisés s'éclipsent les uns les autres, et n'ont point cette centralité si nécessaire pour donner aux opérations du gouvernement un principe de force et d'activité. Détruisez cette loi fondamentale du pacte social, il n'y aura dans la législation et le gouvernement ni union, ni stabilité, ni confiance.

Le gouvernement monarchique où le roi exerce tous les droits de souveraineté, convient à tous les Etats, à tous les peuples, à tous les climats; cette vérité a été méconnue, ou ignorée, parce qu'on a cru qu'un même gouvernement ne peut point régir des nations distinguées par des climats, des mœurs, des habitudes, des caractères et des besoins divers. C'est ici une grande erreur ; on doit distinguer les lois fondamentales, et les lois positives ou d'administration générale. Les premières instituent les pouvoirs et la forme du gouvernement ; elles sont de tous les siècles, de tous les climats, de toutes les générations, puisqu'elles sont fondées sur l'intérêt général, sur la liberté et le bonheur des peuples ; elles sont propres à tous les temps et à toutes les circonstances particulières ; elles sont indépendantes de la situation, de l'étendue, de la fertilité du pays, du génie, de l'enfance et de la maturité des peuples. Ces bases qui doivent affermir l'édifice social, ne sont point sujettes aux variations et à l'inconstance humaine ; elles doivent exister par-tout où il y a des sociétés politiques ; leur force et leur efficacité ont une heureuse influence sur tous les peuples et sur tous les gouvernemens ; c'est l'astre du jour qui féconde, anime et fertilise la nature. Semblables à ces plantes étrangères qui croissent et prospèrent dans tous les climats, où l'art sait les entourer des principes et des soins de la fécondation, les lois fondamentales qui constituent le gouvernement absolu se naturalisent chez tous les peuples, dès que le génie du monarque en surveille l'exécution et sait leur faire obéir avec sagesse ; les lois positives ou d'administration générale peuvent varier, parce qu'il faut les appliquer au caractère, aux usages et aux besoins de diverses nations. Des circonstances éventuelles, des événemens imprévus en nécessitent souvent le changement; l'administration varie dans ses principes, parce qu'elle régit les choses, et que les choses varient à l'infini par mille accidens qu'on ne peut prévoir.

Montesquieu a donné une trop grande influence au climat. Filiangeri, dans sa *Science de la Législation*, et Hume, dans ses *Essais Moraux*, ont attaqué avec autant d'éloquence que de vérité le système de l'auteur de l'Esprit des lois. Ces deux grands publicistes ont prouvé sur des faits historiques que ce n'est point le climat qui influe sur le bonheur et la liberté des peuples. Une sage constitution, un gouvernement juste et ferme, des institutions salutaires créent, régénèrent leurs mœurs, forment leur caractère, les conduisent à la civilisation, ramènent tous les citoyens à l'amour de la patrie, à l'union, à la paix, à l'exercice des vertus publiques, et aux principes d'ordre et de justice, conservateurs des empires et des lois.

Le système de la division de la souveraineté, adopté par les anciens législateurs, et défendu par plusieurs publicistes avec autant de légèreté que d'imprudence, a produit des factions, des guerres, des révolutions qui ont renversé des empires et brisé des sceptres. Les constitutions des anciens peuples ont éprouvé de perpétuelles variations, parce qu'elles avoient établi le partage de la souveraineté et la balance du pouvoir suprême, si funestes aux nations. Les républiques de Rome et de Carthage avoient cherché la liberté dans le mélange de diverses espèces de gouvernement. Lycurgue, dans son système de partage de la souveraineté, ne connut jamais cet heureux accord de la raison et de la nature; sa législation farouche ne fit que des esclaves et des citoyens malheureux; elle consacra tous les crimes, et éteignit dans les cœurs le sentiment de la justice et l'amour de l'humanité. Rome n'eut jamais de gouvernement fixe; l'autorité souveraine étoit exercée tour à tour par le sénat, les consuls et les tribuns. « Pendant qu'elle conquéroit l'univers, dit Montesquieu, elle avoit dans ses murailles une guerre continuelle et cachée; c'étoient des feux comme ceux des volcans qui sortent sitôt que quelque matière vient en augmenter la fermentation; déchirée par des divisions intestines, Rome devoit nécessairement périr. »

Les anciens philosophes, dans leur système de division de la souveraineté, se sont égarés dans leurs théories spéculatives; ils avoient institué des autorités suprêmes qui s'embarrassoient dans leurs mouvemens, et se choquoient dans leur direction ; le défaut d'unité formoit un mélange confus et une réunion d'élémens contradictoires ; leur législation étoit aussi bizarre dans ses principes que dangereuse dans son exécution. Platon et Aristote ont bien développé quelques maximes sages sur cette partie importante ; mais ils n'ont point posé de bases fixes et invariables ; ils n'ont point connu cette unité de pouvoir souverain qui est la pierre angulaire et fondamentale de l'édifice social, le protecteur, le garant de l'ordre public, comme le mobile de l'administration générale ; ils ont bien aperçu la vérité dans un horizon éloigné ; mais ils se sont toujours écartés du chemin qui y conduit. La science de la politique et de la législation étoit dans son enfance, et dans ce siècle brillant de l'éloquence et de la poésie, une nuit obscure enveloppoit de ses ombres ces principes sociaux qui doivent régir les peuples et gouverner les empires.

Si l'Europe a été si souvent bouleversée, si la guerre a détruit l'espèce humaine, si des grandes révolutions ont renversé des trônes et détruit des gouvernemens, tous ces déchiremens politiques, toutes ces calamités publiques sont l'ouvrage de l'erreur et de l'ignorance sur l'essence et les attributs de la souveraineté. Si les peuples eussent été régis par des lois constitutives sagement combinées, si les chefs des nations eussent joui de toute l'étendue des prérogatives de la souveraineté, si on avoit consacré solemnellement cette maxime, que l'autorité souveraine des rois est d'institution divine, les empires n'auroient point été ébranlés, les trônes brisés et ensanglantés, les dynasties détruites; les nations, dans la crainte et le silence, voyant leurs rois armés de la force militaire, et environnés de la puissance souveraine, auroient respecté leur autorité et obéi aux lois; le sang n'auroit point coulé sur les échafauds, ni dans les combats; la tyrannie et la terreur n'auroient point immolé leurs victimes; Sparte, la France, l'Angleterre n'auroient point donné le spectacle affreux du crime de régicide, que la justice des siècles ne leur pardonnera jamais.

Si nous avons vu dans notre malheureuse patrie quatre constitutions paroître et s'écrouler, c'est qu'on avoit violé et méconnu l'unité de la souveraineté. Dans la première, l'assemblée constituante rendit la puissance exécutrice sans force et sans autorité; ses droits et ses prérogatives furent illusoires; on la dépouilla de tous les moyens nécessaires pour faire respecter ses ordres, et exécuter les lois; on la mit hors de la souveraineté et de la législation. On avoit réuni la royauté à la démocratie, et c'est avec raison qu'on a dit qu'elle ressembloit à ces figures fabuleuses qui représentent les beaux traits de l'humanité et se terminent par une manière difforme. Cette assemblée constituante sapa les fondemens de l'autel et du trône, et planta l'arbre empoisonné de la république. Dans la seconde constitution, toutes les classes des citoyens, toutes les corporations, tous les départemens, tous les districts, toutes les sociétés populaires exerçoient les droits de la souveraineté. Cette olygarchique et infernale constitution organisa l'anarchie, légalisa l'insurrection, sanctionna la tyrannie et l'oppression. Sur les ruines de l'autel et du trône s'élevèrent l'athéisme et tous les blasphèmes de l'impiété. Sous ce règne des démons de la terre, on ne vit que des oppresseurs et des opprimés, des victimes et des bourreaux, des échafauds et des chaînes, des esclaves abrutis et des tyrans féroces. Dans la troisième constitution, la puissance souveraine étoit exercée par un corps législatif divisé en conseil des cinq-cents et en conseil des anciens; le pouvoir exécutif fut confié à cinq directeurs. On vit alors une lutte scandaleuse entre le corps législatif et le directoire; le gouvernement étoit sans force, sans justice, sans confiance, sans morale, toujours prêt à combattre un parti par un autre, à élever une faction sur les débris d'une autre, sans savoir que l'anarchie, de quelque part qu'elle vienne, sous quelque nom qu'on la suppose, entraîne à sa ruine la puissance qui l'appelle à son secours. On vit des législateurs inquiets, ombrageux, toujours empressés à semer les méfiances et les soupçons, épouvantant tous les esprits, comprimant tous les cœurs par leurs décrets révolutionnaires et leurs listes de proscription ; les départemens étoient en proie à la guerre civile ; par-tout des administrations foibles, incertaines, sans unité de principes et d'action, sans uniformité de mesures ; point d'énergie dans le commandement, point de ponctualité dans l'exécution ; une police inquisitoriale et des tribunaux sans justice. Les opérations de ce gouvernement aristocratique rendoient l'action des lois lente et difficile. Cette polygarchie renfermoit un germe empoisonné qui devoit naturellement hâter la chute de cette constitution anarchique proclamée par des hommes, dont les uns avoient voté la mort du plus sage, du plus vertueux, du meilleur de tous les rois, et les autres, par un aveuglement inconcevable l'avoient déclaré coupable de conspiration contre la liberté publique, et d'attentat contre la sûreté générale de l'Etat.

La quatrième constitution viola les lois fondamentales de l'Etat et l'ordre de la succession à la couronne. Le trône n'étoit point vacant ; il appartenoit aux héritiers de Saint Louis et de Henri IV ; la nation ni le sénat n'avoient point le droit de le donner à Buonaparte. Le peuple ne peut changer ni modifier la constitution sans le concours et la sanction de son représentant héréditaire. Ce droit de souveraineté n'appartenoit qu'au monarque comme exerçant le pouvoir constituant. C'étoit ici un scandale politique, une usurpation sacrilége de la souveraineté, un attentat contre les lois éternelles de la justice, et les droits sacrés des rois chargés de protéger et de défendre les prérogatives des dynasties légitimes, et de punir les usurpateurs des empires. Mais enfin tout est rentré dans l'ordre social consacré par l'ancienneté des siècles, et Louis XVIII est monté sur le trône de ses pères aux acclamations de l'allégresse publique.

Les peuples de l'Europe, régis par un gouvernement absolu, sont heureux et par conséquent libres. La nation danoise jouit de la liberté et du bonheur ; en Dannemarck aucune faction ne trouble l'ordre public, aucune association populaire ne proclame des principes anti-sociaux ; les Danois aiment leur patrie, leur roi, leurs lois, leurs institutions ; ils jouissent paisiblement des fruits de leur industrie et de leurs travaux. Le gouvernement absolu a rendu la monarchie française florissante pendant quinze siècles, et aucune nation de l'Europe n'a été plus heureuse et plus puissante que la nation française sous les règnes brillans et fortunés de Louis XIV et de Louis XV. Celui de Louis XVI, l'image vivante de toutes les vertus, nous promettoit la même grandeur et la même félicité. Ce prince étoit né pour élever son peuple au même degré de gloire, de prospérité et de bonheur. L'ancienne constitution a été l'objet des éloges et de l'admiration du grand Bossuet, et de tous ces savans publicistes qui ont reconnu les avantages et la nécessité de cette liaison intime, et de ces rapports précieux qui doivent réunir la morale et la religion au système politique des gouvernemens. Machiavel, dans ses *Réflexions sur la première décade de Tite-Live*, a lui-même cité la France comme le modèle du gouvernement le plus parfait dans l'univers ; cet auteur en donne pour raison que dans ce royaume, plus que dans tout autre, on vit sous les lois et les ordonnances du prince, dont les parlemens sont les gardiens et les dépositaires, et que le repos et la sûreté dont on jouit sont l'effet de ces mêmes lois, que les rois s'obligent de garder et qu'ils gardent religieusement. C'est ainsi que s'exprimoit un écrivain que nul intérêt n'obligeoit à flatter la nation française, et que d'ailleurs ses relations continuelles avec la cour de France mettoient en état d'en connoître l'esprit et les maximes. « Il n'y avoit rien de si beau, de si parfait, dit l'auteur des *Priucipes du droit Politique*, que le code de nos lois civiles. Non seulement les déclarations, les édits de nos rois étoient religieusement suivis par tous leurs successeurs, mais les arrêts mêmes des cours souveraines étoient recueillis soigneusement, et le tout formoit ensemble une jurisprudence admirable, universelle, dans laquelle tous les cas possibles étoient prévus, dont il n'étoit jamais permis de s'écarter, et qui sur tous les points eût été aussi ancienne que la monarchie, si le temps et les circonstances n'avoient fait un devoir de la perfectionner par des changemens utiles. — La nation française, dit un savant publiciste, étoit divisée en trois ordres, dont les droits politiques étoient de parvenir à tous les emplois civils, militaires et religieux. Lorsque le roi trouvoit à propos de les leur accorder, les ordonnances de nos rois et la tradition des usages étoient le dépôt constitutionnel confié aux cours de judicature chargées de veiller à leur exécution, et de porter aux pieds du trône les vœux du peuple : les assemblées du Champ de Mars sous Clovis, les conseils des anciens parlemens sous Charlemagne, les doléances des états-généraux, étoient des remontrances et des réclamations sur les besoins de la nation; les édits sur les impôts étoient enregistrés dans tous les parlemens du royaume, et plusieurs province en faisoient la répartition. Le roi écoutoit les remontrances de ses parlemens qui enregistroient ses édits; lorsqu'ils refusoient d'obéir, le monarque tenoit un lit de justice, où la loi recevoit son complément et sa perfection. Ceux qui ont osé écrire que nous n'avions pas une constitution, ont soutenu le système le plus faux et le plus dangereux. Nous avions des lois fondamentales écrites; la succession héréditaire au trône, la majorité des rois fixée, l'irrévocabilité des magistrats assurée. Ce sont ces lois vivantes transmises d'âge en âge, de générations en générations, jamais contredites, toujours observées, et qui comme la loi naturelle, sans être consignées dans aucuns monumens publics, sont cependant par-tout; dont les originaux ne sont pas déposés dans des archives, mais dont les articles sont gravés dans tous les cœurs, que toutes les bouches répètent, et dont les pères transmettent la mémoire en héritage à leurs enfans; lois sacrées qui sont plus respectables par ce seul appui de la foi publique, qui leur a fait traverser sans altération seize siècles, et qui peignent si bien la noble confiance de ces rois qui dirent à leurs peuples : « Voilà les lois que nous vous donnons pour vous et pour nous, il est inutile de les écrire; nous nous souviendrons d'être heureux, souvenez-vous de nous être fidèles ». Une constitution formée par l'usage n'est pas moins solennelle qu'une constitution conventionelle, parce que toutes ses parties se rapportent nécessairement aux mœurs, aux inclinations, aux temps, aux lieux, aux circonstances qui les ont fait successivement adopter. C'est une voûte construite plus ou moins rapidement, mais qui n'en protège pas moins ceux qu'elle met à couvert, et si l'on en ôte une seule pierre, on renverse l'édifice.

Si nous parlons ici de l'ancienne constitution de la France, c'est pour détruire ce sophisme de quelques hommes ignorans, ou de mauvaise foi, qui prétendent que nos rois avant la révolution exerçoient le despotisme, en réunissant le pouvoir législatif et la puissance exécutrice. La Charte a bien institué une monarchie représentative, mais elle a conservé la nature et l'essence de l'ancien gouvernement français; puisque le roi, à l'exemple de ses prédécesseurs, exerce toute la plenitude de la souveraineté sans division ni partage. Il ne faut point confondre la constitution avec le gouvernement. La constitution peut être représentative, et le gouvernement peut être illimité ou indépendant. Montesquieu observe avec raison qu'une constitution peut être libre, et le citoyen ne pas l'être. La sûreté du citoyen résulte de la douceur et de la modération du gouvernement, de la sagesse des lois ; les trois pouvoirs peuvent très-bien être distribués, par rapport à la liberté de la constitution, quoiqu'ils ne le soient pas aussi bien avec la liberté du citoyen.

Quelques rois de France ont pu modifier l'exercice du pouvoir souverain suivant la différence des temps. Louis XVIII a cru *apprécier les effets des progrès toujours croissans des lumières, les rapports nouveaux que ces progrès ont introduits dans la société depuis un demi-siècle, et les graves altérations qui ont été faites.* Le roi a vu ce travail de l'esprit humain, et il n'a pas voulu l'arrêter dans sa direction. Il a vu dans cette marche progressive un mouvement et un principe de force irrésistible ; ce prince magnanime a cédé à un vœu général ; il a partagé l'exercice de la puissance législative, et en a confié une portion à la noblesse et aux députés des départemens ; mais il n'a cédé aucun droit de sa souveraineté.

Cette unité de pouvoir souverain qui constitue l'essence de la monarchie reste dans toute sa force et dans toute son intégrité. Cette concession libre et volontaire est un don et un bienfait, accordés du propre mouvement et en vertu du pouvoir constituant du monarque. Le peuple n'avoit aucun droit de l'obtenir; il ne pouvoit lui-même fixer des bornes à l'autorité royale, ni changer l'ancienne constitution, qui donnoit au roi la plénitude du pouvoir législatif et de la puissance exécutrice. Tous les Français doivent obéir à cette Charte que le roi, dans sa profonde sagesse, a donnée à son peuple. Elle subsistera, parce que c'est la volonté immuable du monarque. Mais qui oseroit lui contester le droit de la modifier, de la révoquer même. Il en a le droit incontestable, (1) puisqu'il exerce le pouvoir constituant sans la sanction et le concours du corps législatif, dont les fonctions se bornent à approuver ou à rejeter les projets de loi que le gouvernement lui présente.

(1). Nous ne prétendons parler ici que du droit en général; nous sommes dans l'intime conviction que la violation de la Charte perpétueroit les haines, les vengeances, les dissentions intestines, et précipiteroit l'Etat vers sa dissolution. Il faut donc conserver dans toute son intégrité cette arche d'alliance, qui est le garant, le soutien, la source de la félicité générale. Le danger d'exercer un droit ne le détruit point.

Il

Il n'a point l'initiative des lois; les amendemens qu'il propose sont soumis à la sanction du roi. Il n'est point le représentant de la nation. Le roi est son seul représentant héréditaire.

Droits de de la souveraineté.

Les rois exercent la plénitude de la souveraineté dans toute son étendue et dans toute son intégrité; ils exercent aussi le pouvoir constituant; ils jouissent de tous ces droits comme les représentans héréditaires de la nation. Les rois sont aussi les exécuteurs suprêmes des lois, ils mettent en activité toutes les parties de la constitution, font des lois réglémentaires et administratives, créent des institutions sociales, déclarent la guerre, font la paix, concluent des traités d'alliance et de commerce, nomment à tous les emplois civils, militaires et religieux, confèrent à la noblesse les distinctions honorifiques et les dignités héréditaires; ils ont un droit d'inspection temporelle, de surveillance et de jurisdiction sur la religion et ses ministres, sur le culte public et la discipline ecclésiastique; ils organisent et disposent de la force armée; ils sont les gardiens du trésor public, et leur effigie est gravée sur les monnoies; ils ont le droit de faire grace et de commuer les peines; c'est en leur nom que les lois sont proclamées, et que la justice est rendue dans tous les tribunaux; leur souveraineté est d'institution divine, et leur personne est sacrée et inviolable; ils sont pour les administrations en général, ce que le soleil, comme foyer de la chaleur universelle, est pour la terre; il la réchauffe de ses rayons, et distribue un principe de fécondité pour animer et développer les germes qui reposent dans son sein.

Un souverain étant l'image de la Divinité, l'idée la plus parfaite que l'on puisse en concevoir, c'est de se représenter l'Eternel organisant le corps de l'homme, et faisant passer jusqu'à son cœur le principe de la vie par une infinité de canaux divisés de manière, que le mouvement puisse se communiquer en même-temps du centre à toutes les parties: ainsi le chef de la nation, revêtu du pouvoir souverain, donne la vie au corps politique en faisant circuler partout l'abondance, prescrit les moyens d'en jouir par des lois dont la base est dans la constitution; veille au bonheur de tous, dirige la force publique de manière quelle puisse assurer les propriétés, le repos, la liberté de chacun; et tenant dans sa main le lien qui unit tous les sujets à l'Etat, le plus léger mouvement lui suffit pour répandre également sur les membres de sa nombreuse famille tous les biens de l'état social. Nous examinerons bientôt les différens droits qui constituent la souveraineté.

Le roi peut bien confier à des autorités intermédiaires l'exercice de sa souveraineté ; mais elles ne représentent que le roi seul, elles tiennent de lui leur ministère, ne dépendent que de lui dans l'exercice de leurs fonctions; le trône est le centre commun auquel la loi de leur institution attacha dès leur origine la chaîne qui les lie au monarque et à l'Etat. Placées à des distances égales de ce centre, toutes revêtues du même pouvoir, et distinguées uniquement par la nature des objets de leur institution, les autorités intermédiaires reçoivent immédiatement du roi les lois par lesquelles il dirige lui-même la marche de l'autorité dont il les a rendues dépositaires ; cette portion du pouvoir souverain, confiée à des autorités intermédiaires, n'est pas une aliénation de la souveraineté ; elle est une dans sa source, indivisible dans son principe, incommunicable dans son intégrité.

La royauté est d'institution divine.

C'est Dieu qui donne aux rois leur autorité pour tenir sa place sur la terre au dessus des hommes, il leur communique immédiatement sa puissance et sa grandeur ; ils ne relèvent que de Dieu, parce que leur autorité vient de Dieu même qui les a établis pour nous gouverner. Ils sont les images visibles de la Divinité : tels sont l'ordre, l'institution et le plan du Créateur. Si l'autorité souveraine de Dieu n'étoit pas l'effet de sa volonté suprême, elle seroit frappée d'un vice radical qui lui ôteroit son énergie et son efficacité ; elle se réduiroit à la force, elle pourroit nous imposer une nécessité physique et non une obligation morale. Les payens ont regardé l'autorité des rois comme sacrée. Hésiode et Homère disent que les rois sont les lieutenans de Jupiter, et que c'est lui qui les a placés sur le trône. Quinte-Curce observe que ce n'est pas sans raison que les peuples regardent les rois comme si c'étoient des Dieux. Aristote pensoit que le roi devoit être regardé comme un Dieu parmi les hommes. Plutarque rapporte que dans les batailles les ennemis lançoient leurs dards sur les rois de Sparte en détournant la tête, à cause du respect que leur imprimoit la majesté royale. Les Chinois croyent que les princes ont reçu leur pouvoir du ciel. Les Persans étoient persuadés que Dieu a établi les rois pour gouverner les peuples.

« Le pouvoir du roi, dit le savant Grotius, est au dessus du pouvoir paternel et du pouvoir d'un maître. Les puissances souveraines viennent de Dieu. Tout gouvernement civil vient de Dieu, et les puissances sont établies par le roi des rois ». — Le gouvernement civil, dit Cumberland, tire son origine de Dieu, et c'est lui seul qui en règle les bornes ». —Le consentement libre ou forcé, exprès ou tacite, d'un peuple à la domination, dit Ramsay, le disciple et l'ami de Fénélon, peut bien être le canal par où découle l'autorité, mais il n'en est pas la source. Ce consentement n'est qu'une simple déclaration de la volonté de Dieu, qui manifeste par là à qui il veut que l'autorité soit confiée ». — Le trône des rois, dit le sublime Bossuet, est placé dans le lieu le plus sûr et le plus inaccessible, dans la conscience où Dieu a le sien ». L'assemblée du clergé de France professoit la même doctrine, et l'exprimoit avec autant de noblesse que de vérité, dans l'avertissement publié en 1775. « Le roi, dit cet ordre respectable, est l'oint du Seigneur, son lieutenant, son image; sa personne nous offre une seconde majesté. La soumission que nous lui rendons est une espèce de religion; il règne au nom et par l'autorité de Dieu ». Les écrivains sacrés ont annoncé la même doctrine, et la religion s'est réunie à la politique pour publier les mêmes vérités; l'Ecriture Sainte nous élève sans cesse à la Divinité même pour y chercher la véritable source de la souveraineté. « Ces oracles sacrés, dit Ramsay, nous apprennent que la puissance suprême des rois n'émane que de Dieu seul. Toutes les voies par lesquelles les hommes y parviennent, soit par le droit paternel, le droit héréditaire, le droit d'élection ou le droit de conquête, ne sont que des causes occasionnelles, comme parle la philosophie moderne : c'est Dieu seul qui dépose l'un et élève l'autre ; c'est lui qui, par sa providence souveraine et universelle, influe sur tous les conseils des hommes, fait avorter et réussir leurs entreprises selon ses décrets sages et éternels. C'est pour cela que les livres divins nous représentent toujours le monde entier comme un royaume gouverné par Dieu seul, qui donne aux nations des maîtres bons ou mauvais, pour être les ministres de sa justice ou de sa miséricorde ».

Le Sage, en parlant aux puissances injustes, leur dit : « Ecoutez, vous qui gouvernez les peuples, et qui voyez avec complaisance les nations autour de vous ; votre puissance vient du Très-Haut, qui interrogera vos œuvres, et pénétrera le fond de vos pensées ».--Dieu donne, dit l'Ecclésiaste, à chaque peuple son gouvernement, et Israël lui est spécialement réservé ». Les rois sont appelés par-tout les oints du Seigneur. « Voici, dit Dieu à Cyrus par la bouche d'Isaïe, mon oint que jai pris par la main pour lui assujettir tous les peuples ». Nabuchodonosor étoit un prince impie, il vouloit s'égaler à Dieu, et faire mourir tous ceux qui ne lui rendoient pas un culte sacrilège; cependant Daniel lui parla ainsi : « Vous êtes le roi des rois, et le Roi du ciel vous a donné le royaume, la puissance et la gloire ». Jésus-Christ a recommandé de rendre à César ce qui étoit dû à César, quoique Tibère fût un prince cruel et un tyran soupçonneux : il reconnoît dans Pilate, ministre de l'empereur, une puissance que le ciel lui avoit donnée sur lui-même. « Que toute personne, dit Saint Paul, soit soumise aux puissances souveraines, car il n'y a point de puissance qui ne vienne de Dieu, et toutes celles qui existent sont établies par Dieu; ainsi celui qui résiste à la puissance, résiste à l'ordre de Dieu; le prince est le ministre de Dieu et son lieutenant sur la terre ». — Soyez soumis au roi comme le plus élevé en dignité, dit S. Pierre ». Les Pères et les Docteurs de l'Eglise ont enseigné que la puissance des rois venoit de Dieu. S. Thomas d'Aquin donne à la puissance séculière la même origine qu'à la puissance spirituelle ou ecclésiastique, et soutient que l'une et l'autre sont une émanation de la puissance divine. « Nous regardons, dit Tertullien, dans les empereurs, le choix et le jugement de Dieu sur tout le peuple. Nous respectons ce que Dieu y a mis : que dirai-je davantage de notre piété pour l'empereur que nous devons respecter comme celui que notre Dieu a choisi ». Saint Augustin n'attribue qu'à

Dieu le droit de donner les royaumes et les empires. « Il y a, dit le pape Gelase I.er écrivant à l'empereur Anastase, deux puissances qui gouvernent le monde, l'autorité des pontifes et la puissance impériale. Les évêques se soumettent aux lois que vous faites, parce qu'ils reconnoissent que vous avez reçu de Dieu le gouvernement ».

Cette doctrine, qui enseigne que la royauté est d'institution divine, prouve que le système de la souveraineté du peuple est faux, et que dans aucun cas les citoyens n'en ont ni la propriété ni l'exercice. Sous le rapport politique, ce système est illusoire et dangereux : sous le rapport de la foi, on doit le regarder comme un sacrilège et une impiété, puisqu'il tend à donner aux hommes le droit de distribuer les empires, qui n'appartient qu'à Dieu. Le trône du Créateur s'étend jusqu'à la terre, et celui des rois en est une extension ; il s'élève comme du milieu du sanctuaire, il repose sur le même fondement que l'autel ; car outre que la puissance souveraine découle éminemment de Dieu, l'onction sacrée du front des rois les associe en quelque manière au sacerdoce.

De l'inviolabilité des rois.

Le chef de la nation doit être inviolable ; il est revêtu de la suprême magistrature par la loi héréditaire et par la volonté générale. Il représente véritablement la nation, et exerce la souveraineté. C'est en lui que se concentrent toutes les forces et toutes les volontés du corps social. « Il faut, dit un publiciste, que celui qui jouit du pouvoir souverain ne soit point exposé à des dénonciations et à des poursuites judiciaires, préparées par la haine et la vengeance. L'intérêt national, l'intérêt public exigent que le représentant héréditaire de la nation soit au dessus des autres citoyens, parce qu'il faut que toute action qui tend toujours à l'union sociale soit libre et n'éprouve point d'obstacle. Il faut qu'il inspire l'obéissance que la loi commande, et qu'il contienne dans leurs limites constitutionelles toutes les autorités, qui ne tendroient qu'à s'en écarter ou à les franchir. Il faut qu'il prévienne ou qu'il réprime toutes les passions qui s'efforcent de contrarier le bien général, qu'il tienne dans ses mains tous les ressorts du gouvernement tendus, et qu'il ne souffre pas qu'un seul se relâche. Pour remplir de si grands devoirs, il est juste et nécessaire que le chef de la nation jouisse d'une grande puissance; et pour que cette puissance ait toute la liberté de son exercice, il faut qu'il soit inviolable.—Ce n'est point assez, dit Vatel, que le prince soit au-dessus des lois pénales; allons plus loin, pour l'intérêt même des nations, le souverain est l'ame de la société ; s'il n'est pas en vénération au peuple, et dans une parfaite sécurité, la paix publique, le bonheur et le salut de l'Etat sont dans un danger continuel ; il faut donc que la personne du roi soit sacrée et inviolable. Le peuple romain avoit attribué cette prérogative à ses tribuns, afin qu'ils pussent veiller sans obstacles à sa défense, et qu'aucune crainte ne les troublât dans leurs fonctions. Les opérations d'un souverain sont d'une plus grande importance que n'étoient celles des tribuns, et non moins pleines de dangers, s'il n'est muni d'une puissante sauve-garde. « La même loi d'ordre et de justice, dit Ramsay, qui rend le droit héréditaire des terres inviolable, rend le droit héréditaire des couronnes sacré. — Ceux qui prétendent, dit Cumberland, que les souverains peuvent être punis, détruisent l'essence du gouvernement civil, puisqu'ils réduisent les souverains à la même condition que leurs sujets. — Le respect pour la personne du prince, dit Locke, peut être d'une grande politique; les courtisans sont presque toujours la cause de leurs fautes ; ils l'abusent par de faux principes, et le trompent sur l'usage qu'il doit faire de sa prérogative, sous le vain prétexte du bien public ; ces corrupteurs sont ceux contre lesquels le peuple doit se soulever; résister ouvertement au prince, ce seroit exposer le gouvernement à des troubles perpétuels et funestes; s'il résulte quelque inconvénient de cette politique, elle fait en général la tranquillité et la solidité de l'Etat; il faut que le souverain et le gouvernement soient à l'abri des insurrections et des attaques tumultueuses. — La sécurité publique ne souffre pas, dit Hume, tant qu'on peut s'en prendre aux coupables subalternes; et en même temps on évite les guerres civiles, qui seroient inévitables, si chaque fois qu'on est mécontent de la conduite d'un souverain, on pouvoit s'attaquer directement à sa personne.

Ce n'est point pour leurs chefs que les nations ont institué cette inviolabilité, c'est pour leurs intérêts politiques et pour leur propre tranquillité; c'est pour affermir le règne des lois, enchaîner les factions, et prévenir ces convulsions terribles qui ébranlent et renversent les empires; on a reconnu que les devoirs des rois étoient au dessus des forces humaines, et qu'environné d'hommes agités par toutes les passions, et divisés par des jugemens divers, leurs erreurs et leurs foiblesses ne sont point leur ouvrage; qu'il est de leur intérêt et de leur gloire de faire le bonheur des peuples qu'ils gouvernent, et que leurs ministres sont seuls responsables; on a compris que dans un temps de révolution, où toutes les passions sont déchaînées, l'autorité méconnue, les lois outragées, il est facile d'accuser le chef de la nation, et de soulever une multitude toujours prête à s'insurger contre le gouvernement. Voilà, dit M. Necker, la véritable origine de l'inviolabilité, elle se perd dans l'ancienneté des temps; c'est sur cette base que reposent les véritables principes et les vérités saintes que les nations se sont transmises d'âge en âge et d'un commun accord; on a reconnu qu'il étoit impossible de faire juger celui qui exerce la plénitude du pouvoir exécutif, par des hommes dont l'impartialité fût certaine; car dans le cours d'une longue administration, le suprême magistrat duquel émane une infinité de décisions, a dû nécessairement blesser l'ambition, l'orgueil et l'intérêt de plusieurs citoyens; alors toutes les passions se soulèvent comme les flots tumultueux d'une mer agitée; on prépare des projets d'insurrection et de vengeance; le rang dont on veut le dépouiller excite l'ambition des uns, et nourrit les espérances des autres.

Sur le devoir de faire grace et de commuer les peines.

Le chef suprême de la nation doit avoir le droit de faire grace et de commuer les peines; ce droit n'a pas été créé pour étendre la puissance des rois, il faut en chercher l'esprit et le motif dans les conditions de notre nature, conditions plus anciennes que les institutions sociales; le droit de faire grace et de commuer les peines, est, comme, l'observe M. Necker, cette douce consolation de l'autorité, cet élément si nécessaire à l'ordre social et à la foiblesse humaine ; on ne verra plus les juges, entre cette inflexibilité du code pénal et les circonstances qui sollicitent leur humanité, s'étudier à masquer leur évidence, à détourner la loi, et à introduire ainsi dans les jugemens une subtilité que l'équité toléroit, mais dont l'habitude pourroit devenir funeste et dangereuse. Ce droit est un adoucissement à la rigueur des lois criminelles, de même que la charité publique est un adoucissement aux lois primitives de propriété, d'héritage, et aux titres exclusifs; c'est un acte de clémence qui représente celle de la Divinité, pardonnant les erreurs et les crimes; ce droit fait aimer l'autorité souveraine par la rigueur même des lois; le trône doit être le refuge des condamnés, et la clémence du monarque leur dernière espérance. « Cette clémence, dit Montesquieu, est nécessaire dans une monarchie où l'on est gouverné par l'honneur qui semble exiger ce que la loi lui défend.

Sans doute il est des crimes qui exigent une punition prompte et éclatante; l'homme dans sa profonde perversité ne mérite ni compassion, ni sensibilité, ni clémence; il faut que le glaive de la loi frappe le coupable sans miséricorde; l'effusion de son sang doit venger la société outragée; mais combien de délits n'ont-ils pas été commis dans l'égarement de la raison, ou dans le désespoir de l'ame, et dans un temps ou il paroît que la volonté a été, pour ainsi dire, entraînée par une force irrésistible. Le chef de la nation, en pardonnant à ces hommes malheureux, montre sa clémence et son humanité. Juger et punir les coupables, voilà les devoirs des magistrats; pardonner aux infortunés, voilà la bienfaisance du gouvernement.

Sur les rangs et les distinctions

Parmi les droits de la souveraineté, on doit distinguer celui d'instituer des titres de noblesse et des distinctions honorifiques; cette sage institution est bien propre à perpétuer dans les familles les vertus publiques. Le citoyen, témoin de la vénération que ces titres inspirent, marchera dans le chemin de l'honneur et de la probité. L'espoir d'obtenir ces récompenses héréditaires donnera plus d'énergie à son ame, plus de zèle pour le bien public, et plus d'ardeur à pratiquer les devoirs de son état. Ce ne sera point ce colosse de la féodalité qui humilioit les peuples et dégradoit l'espèce humaine. Ce sera un asyle sacré où tous les hommes trouveront la tranquillité, la gloire, l'instruction, le bonheur. Cet ordre des choses n'élevera pas des barrières entre les citoyens ; la carrière des honneurs, des distinctions, des dignités sera toujours ouverte aux vertus et aux talens utiles. Une noble émulation agrandira le génie, multipliera ces prodiges qu'enfante l'amour de la patrie.

L'institution des rangs et des honneurs ajoute à la gloire et à la liberté des peuples. Elle cimente par d'indestructibles liens l'union nécessaire aux ordres politiques, qui ne peut exister d'une manière utile au gouvernement monarchique qu'en conservant un même esprit, et un accord de sentiment et de conduite qui puisse opposer un frein au despotisme et à la licence populaire. Il faut dans la société un équilibre propre à une classe de citoyens, qui par leurs vertus et leurs talens méritent une considération publique dont ils tirent un poids et une consistance particulières ; comme membres de la société, ils ont un intérêt sensible dans la prospérité de l'Etat qui doit resserrer les liens de l'union ; comme usufruitiers des privilèges particuliers, ils établissent une force mixte qui influe tantôt sur le gouvernement et tantôt sur la nation, et forme le moyen le plus propre à contenir les divers pouvoirs dans un équilibre parfait. La grandeur n'est odieuse que lorsqu'elle contribue au malheur de la société. L'orgueil et l'envie, toujours injustes, décrient la grandeur utile ; la sagesse, plus équitable, l'honore quand elle se distingue par des services réels, des inclinations louables, ou des sentimens généreux.

Chez tous les peuples, et dans tous les gouvernemens, on a vu un ordre distingué des autres citoyens. Les gouverneurs et les magistrats des Juifs étoient des nobles. Le peuple d'Athènes fut partagé en deux classes par Thésée ; il distingua les nobles des artisans, en choisissant les premiers pour les pontifes de la religion et les chefs des armées. A Lacédémone, il y avoit deux classes distinctes. La noblesse exista chez les Romains avec éclat ; elle devoit son origine à Romulus : ce fondateur de l'empire romain, dans le premier partage qu'il fit de ses sujets, régla entre eux les rangs, les honneurs et les emplois ; il leur donna le nom de *Pères*, et en composa le sénat ou conseil de la nation. On a trouvé la noblesse établie au Japon, à la Chine, sur la côte de Malabar, au Pérou, au Mexique et dans les Indes Orientales. Les Turcs ont leurs nobles qu'on nomme *schérifs*. Les hordes sauvages élisent des chefs qui exercent un grand pouvoir et jouissent de grandes prérogatives. En Europe, la noblesse a contribué

à

à la grandeur des Etats et au soutien de l'autorité souveraine. Les Anglais voient dans la pairie une des bases de l'ordre social. La noblesse, en France, a défendu le trône et illustré la nation, servi la religion, repoussé la tyrannie populaire et obéi aux lois. On se rappelle les prodiges qu'enfanta l'institution de la chevalerie ; l'enthousiasme de la vertu fut constamment uni à l'amour de la gloire : elle devint un culte ; l'honneur étoit sa divinité. La bravoure, la probité, la clémence, voilà ces qualités sublimes et précieuses qui distinguoient ces preux chevaliers ; ils obéissoient aux lois et bravoient la tyrannie. L'amour de l'indépendance ne leur faisoit point oublier les devoirs de citoyen ; ils combattoient et versoient leur sang pour défendre la patrie et les droits des souverains, pour s'opposer aux excès de la licence populaire et aux attentats du despotisme. « Le pouvoir intermédiaire subordonné le plus naturel, dit Montesquieu, est celui de la noblesse ; elle entre en quelque sorte dans l'essence de la monarchie ; point de monarque, point de noblesse ; point de noblesse, point de monarque ; on n'a qu'un despote ». Dans tous les gouvernemens, excepté dans les États despotiques, l'opinion publique a toujours accordé des distinctions à la postérité d'un homme qui a illustré son nom par de grandes actions. Dans les démocraties même où l'égalité politique tient à la nature de la constitution, il y a toujours eu une noblesse d'opinion. Il semble que les descendans d'un homme célèbre doivent hériter de son mérite ainsi que de sa propriété ; il semble qu'ils ayent un droit plus certain à l'estime publique. Dans une monarchie, cet ordre des choses doit être plus sensible, parce que l'égalité politique n'est pas liée à la constitution. « Le bon ordre du gouvernement, dit Filiangeri, exige qu'il y ait un corps de nobles qui puisse réfléchir sur la nation, l'éclat qu'il reçoit du trône, et qui, placé entre le monarque et le peuple, diminue le degré de force avec lequel ces deux corps se heurteroient, s'ils n'étoient séparés par un autre corps intermédiaire. La noblesse dans une monarchie rehausse la dignité nationale, vivifie dans toutes ses parties l'honneur, constitue la puissance de l'Etat par les vertus militaires, et en fait le plus bel ornement par l'éclat qui l'environne ; cependant la noblesse ne doit exercer aucun pouvoir ; elle est faite pour orner le trône, et non pour en partager la puissance : elle est moins une partie nécessaire du corps politique, que l'ouvrage des lois, de l'opinion, favorisée par la constitution du gouvernement ».

Il est nécessaire et utile d'établir ces signes extérieurs qui fixent l'attention, réveillent les pensées, commandent le respect et la soumission, frappent l'imagination, subjuguent les sens. La majesté du cérémonial impose au peuple, elle donne à l'autorité un air d'ordre et de règle qui inspire la confiance, et écarte les idées de caprice et de fantaisie attachées à celles du pouvoir arbitraire. Il faut montrer au peuple l'appareil de la puissance et de la grandeur que les législateurs anciens placèrent au rang des articles fondamentaux des chartes constitutionnelles. « Dans le gouvernement, dit Rousseau, l'auguste appareil de la puissance royale en imposoit aux sujets : des marques de dignités, un trône, un sceptre, une robe de pourpre, une couronne, un bandeau étoient pour eux des choses sacrées. Ces signes respectés leur rendoient vénérable l'homme qu'ils en voyoient orné ; sans soldats, sans menaces, sitôt qu'il parloit, il étoit obéi. Que d'attention chez les Romains à la langue des signes, des toges, des saies, des prétextes, des laticlaves, des licteurs, des faisceaux, des haches, des couronnes d'or, des ovations, des triomphes ; tout chez eux étoit appareil, représentation, cérémonie, et tout faisoit impression sur les mœurs des citoyens ». Sur les décorations.

Le chef suprême de la nation doit sans doute Des propriétés.

conserver aux citoyens le libre exercice de leurs facultés, les fruits de leurs travaux et de leur industrie ; il doit garantir la propriété , base fondamentale, et l'un des plus puissans mobiles de la société ; il doit définir le droit de la propriété, en fixer le caractère essentiel, déterminer le pouvoir du souverain sur les propriétés, l'étendue et les limites de ce droit, considéré en lui-même et dans ses rapports avec les diverses espèces de biens. Dans cette matière, plus qu'en toute autre, il faut écarter les hypothèses, les fausses doctrines, et ne raisonner qu'après les faits simples dont la vérité se trouve consacrée par l'expérience de tous les âges. Mais le monarque souverain a un pouvoir sur les biens des particuliers, et c'est ici un attribut nécessaire de la souveraineté. Au citoyen appartient la propriété, au souverain l'empire. Telle est la maxime de tous les pays ; ce qui a fait dire aux publicistes, que la libre et tranquille jouissance des biens que l'on possède est le droit essentiel de tout peuple qui n'est point esclave; que chaque citoyen doit garder sa propriété sans trouble, que cette propriété ne doit jamais recevoir d'atteinte, et qu'elle doit être assurée comme la constitution de l'Etat. L'empire qui est le partage du souverain ne renferme aucune idée du domaine proprement dit ; il consiste uniquement dans la puissance de gouverner, il n'a que le droit de prescrire et d'ordonner ce qu'il faut pour le bien général, et de diriger en conséquence les choses et les personnes ; il n'atteint les actions des citoyens, qu'autant qu'elles doivent être tournées vers l'ordre public; il ne donne au souverain sur les biens des particuliers que le droit de régler l'usage de ces biens par des lois civiles, le pouvoir de disposer de ces biens pour les objets d'utilité publique, et la faculté de lever les impôts sur les mêmes biens. Ces différens droits forment ce que Puffendorf, Grotius, Vatel appellent le domaine éminent du souverain, mots dont le vrai sens développé par ces auteurs ne suppose aucun droit de propriété, et ne sont relatifs qu'à des prérogatives inséparables de la puissance publique. La souveraineté est un droit à la fois réel et personnel ; conséquemment aucune partie du territoire ne peut être soustraite à l'administration du souverain, comme aucune personne habitant le territoire ne peut être soustraite à son autorité.

Ce n'est point comme propriétaire supérieur et universel du territoire, mais comme administrateur suprême de l'Etat que le souverain fait des lois civiles pour régler les propriétés privées ; ces propriétés ne sont la matière des lois que comme des objets de garantie et de protection, et non comme objet des dispositions arbitraires ; ces lois ne sont pas de purs actes de justice et de raison. Quand le législateur publie des réglemens sur les propriétés particulières, il n'intervient pas comme maître souverain; mais uniquement comme arbitre, comme régulateur, pour le maintien de l'ordre et de la paix.

Du pouvoir judiciaire.

L'institution du pouvoir judiciaire tient à la durée des empires, et à la prospérité des peuples ; elle affecte toutes les personnes, et tient sous son empire toutes les transactions, tous les instans de la vie; elle embrasse tous les lieux et tous les temps. L'organisation de ce pouvoir mérite toutes les pensées et toutes les méditations des législateurs constituans ; c'est dans son sanctuaire que sont placées les lois conservatrices des propriétés et vengeresses des crimes ; c'est dans leur juste application que réside l'ordre social. Le despotisme environnera le pouvoir judiciaire s'il est trop fort ; il sera sans influence s'il est trop foible. Il appartient au chef de la nation de créer des tribunaux et de nommer les juges : ils doivent être inamovibles. Les magistrats amovibles négligent l'étude des lois et la jurisprudence ; ceux qui sont élus à perpétuité, et qui ne peuvent être destitués que pour forfaiture et des motifs graves, se livrent par goût, par intérêt, par amour-propre, à l'étude de cette science qui doit faciliter leurs travaux et les rendre moins pénibles.

Sans doute le pouvoir judiciaire doit être indépendant, c'est à dire qu'une force humaine ne doit commander ni aux devoirs, ni à la conscience des magistrats: leur autorité est grande, mais ils ne sont que les exécuteurs des volontés publiques; ils ne peuvent ni interpréter, ni modifier les lois, parce qu'ils ne sont point associés à l'exercice du pouvoir législatif et de la puissance exécutrice; ils ne sont que des mandataires chargés uniquement de l'application des lois. L'autorité des magistrats n'est point une aliénation de l'autorité souveraine; l'unité du pouvoir suprême subsiste dans toute son énergie: ainsi l'on ne peut pas dire que celui qui fait exécuter, sans pouvoir commander, ait une portion de la souveraineté: il n'en est que l'instrument et l'organe.

Dans l'exercice de sa souveraineté, le monarque nommera les magistrats; il établira l'ordre, la justice, la discipline dans le sanctuaire des lois; l'innocence y trouvera des protecteurs, et le crime des vengeurs; il réprimera les abus, et punira les prévarications; il instituera une hiérarchie utile dans les tribunaux, et un corps de magistrature suprême chargé de veiller à ce que les juges observent les formes protectrices des lois, l'uniformité de jurisprudence, et n'abusent pas de leur autorité pour porter atteinte aux droits de propriété et pour opprimer les citoyens.

Il ne suffit pas que des institutions sages aient promis aux citoyens le maintien inviolable des droits sacrés de la liberté et de la propriété. Si quelques magistrats chargés de l'exécution des lois se permettent de substituer à la volonté publique une volonté particulière, ou si incapables de résister au choc des passions, accessibles à la crainte, séduits par l'intérêt, ils offrent aux peuples dans leurs personnes, non des distributeurs impartiaux d'une justice exacte, mais des dispensateurs intéressés d'adoucissement ou de rigueurs arbitraires, alors le chef de la nation peut et doit destituer ces magistrats prévaricateurs. Cet exemple nécessaire de justice retiendra dans le devoir ceux qui seroient tentés de les imiter. Alors les fonctions judiciaires seront confiées à des mains pures; les tribunaux ainsi épurés en deviendront plus respectables; la probité dans les juges deviendra si commune, qu'elle ne sera plus regardée comme une distinction; la magistrature, armée des vertus qui seront son appanage, retrouvera dans l'opinion publique une place dont la perte seroit regardée comme une calamité publique.

De l'administration religieuse.

Le chef de la nation a un droit d'inspection, de surveillance et de jurisdiction temporelle sur la religion de l'Etat, sur ses ministres et sur la discipline ecclésiastique. Sans doute il ne peut exercer aucune jurisdiction sur les dogmes religieux, ni changer les rites et les cérémonies de l'église, ni porter atteinte aux droits de la puissance ecclésiastique et du St.-Siège, parce qu'ils viennent de Dieu, et qu'ils sont les fondemens de cet édifice religieux *contre lequel les portes de l'enfer ne prévaudront jamais*. L'église est une puissance indépendante et distincte du corps politique; dans ses décisions dogmatiques elle est infaillible, et son infaillibilité doit être reconnue par la nation et par son chef. Cependant les rois peuvent examiner la forme des décisions dogmatiques de l'église, en suspendre la publication, lorsque quelques raisons d'État l'exigent, et commander le silence sur des questions dont la discussion pourroit agiter les esprits et alarmer les consciences.

La puissance souveraine des rois est indépendante de la puissance ecclésiastique. L'établissement de cette dernière puissance n'a mis aucun obstacle à l'exercice du pouvoir souverain des rois. Le droit divin qui est fondé sur la grace, et qui regarde les choses de salut, ne peut point détruire le droit humain qui est fondé sur la nature, et qui regarde les choses civiles. C'est une vérité consacrée dans les annales ecclésiastiques, que le Pape ni l'église n'ont aucun pouvoir ni direct, ni indirect sur la souveraineté temporelle des rois; ils ne peuvent dans aucun cas les déposer, ni dispenser le peuple du serment de fidélité. Il faut distinguer le Saint-Siège de la cour de Rome; on ne peut point se séparer du Saint-Siège sans renoncer à la religion catholique, parce qu'il est le centre de l'unité. On pourroit être en guerre avec le Pape, sans cesser d'être uni à la chaire de Saint-Pierre; le combattre comme ennemi, et cependant le révérer comme le père spirituel des fidèles. Quelquefois on peut demeurer uni avec le Saint-Siège, et cependant désapprouver tout à la fois la conduite de la cour de Rome, et le sentiment personnel du Pape. L'empereur Justinien honoroit le Saint-Siège, et cependant il fit retrancher des distiques le nom du Pape Virgile, et l'envoya en exil. Le seizième concile condamna les erreurs du Pape Honorius; on ne peut pas dire cependant que ce concile fût détaché du Saint-Siège. Jules II déclara Louis XII privé de ses Etats; le clergé de France assemblé à Tours décida qu'il y avoit une différence essentielle à faire entre Jules II et le Saint-Siège; qu'il falloit recevoir avec respect ce qui venoit du vicaire de Jésus-Christ, mais qu'il falloit résister aux entreprises de Jules II ennemi de l'Etat.

Sur les devoirs des souverains.

Après avoir parlé des droits et des prérogatives des souverains, qu'il nous soit permis de leur rappeler rapidement les devoirs que la royauté et la religion leur imposent. Les droits et les devoirs des souverains se correspondent mutuellement, c'est une chaîne dont les anneaux ne peuvent ni se rompre, ni se diviser. Les devoirs des souverains affermiront leurs droits, et leur donneront un nouveau caractère de force et de vérité, et attacheront les peuples par des liens plus forts à l'amour et à l'obéissance des lois. La justice des rois fera naître dans leurs sujets de nouveaux motifs de confiance, de vénération et de reconnoissance. C'est sur cette base sacrée que reposent la stabilité des trônes, l'ordre public, l'harmonie sociale, la prospérité des empires, la liberté et le bonheur des peuples.

Du gouvernement.

Le souverain législateur instituera un gouvernement juste, ferme, vigoureux. On sait qu'il est comme la limite des factions; par-tout où il existe, elles viennent mourir à ses pieds. C'est ainsi que le soleil, s'élançant radieux, fait pâlir ces flambeaux que l'industrie humaine allume dans les ténèbres. Oui! proclamons une grande vérité : qu'elle soit gravée dans le sanctuaire des lois, dans les palais des souverains et sur les monumens publics. La fermeté ou la foiblesse des gouvernemens soutient ou renverse les empires, fait la prospérité et la gloire des peuples, ou produit leur misère et leur malheur. La foiblesse et les incertitudes des rois fortifient l'esprit d'indépendance et de rebellion; alors il n'y a ni liberté, ni union, ni bonheur, ni vertus publiques. Les citoyens deviennent étrangers à la patrie, et n'ont ni amour, ni vénération pour leur souverain, ni confiance pour les dépositaires de son autorité. L'égoïsme politique flétrit leurs cœurs et déssèche leurs ames; de ce désordre général naît la corruption des mœurs publiques. Un roi foible devient l'instrument et le jouet des passions et des caprices de tous ceux qui l'environnent; alors son sceptre doit se briser entre ses mains; ses vertus privées lui seront inutiles et même dangereuses, elles serviront à hâter cette révolution. Un roi foible, sans caractère, sans fermeté est toujours incertain dans l'exécution de ses projets : s'il n'a pas de passions fortes ou d'inclinations vicieuses, il se prête à celles des autres et devient aussi nuisible que le méchant prince. Un gouvernement ferme élève une nation industrieuse au plus haut degré de gloire ; un gouvernement foible lui fait perdre tous les avantages de sa situation géographique, de ses moyens et de ses ressources. L'honneur dans le premier ne connoît point de bornes dans son impulsion, et il enfante des prodiges : sous le second, il se montre sans éclat. L'auteur immortel de Télémaque dépeint Minos plus inexorable envers les souverains foibles, qu'envers les monarques les plus méchans; parce qu'un roi méchant n'a que ses propres vices, au lieu qu'un prince foible partage les vices de sa cour. La justice, la fermeté éclairée, l'énergie de l'ame, la force du caractère, l'austérité des principes du monarque affermiront son autorité, et réprimeront ces factions impuissantes dans leur origine, mais qui deviennent des insurrections funestes et des conspirations ardentes par la foiblesse des rois. Que deviendroient les plus sages institutions, si le génie qui les a créées manque d'énergie et de vigueur pour en maintenir l'observation ? Un gouvernement ferme est une chaîne puissante qui attache les citoyens à la patrie et à la constitution; ils bénissent un règne heureux qui leur assure l'exercice libre et paisible de leurs travaux et de leur industrie.

Sur la dictature.

Les empires sont assujettis à des maladies politiques, qui ne peuvent être guéries que par des remèdes prompts et faciles; alors, pour éviter la mort du corps social, le roi dans les gouvernemens absolus et représentatifs, comme investi de toute la plénitude de la puissance souveraine et du pouvoir constituant, a le droit incontestable de suspendre momentanément la constitution et d'exercer l'autorité dictatoriale.

Environné de la puissance nationale et de la force militaire, il sauvera l'Etat, en enchaînant toutes les factions; alors l'anarchie et la rebellion cesseront leurs fureurs et leurs attentats; tous les citoyens rentreront dans l'obéissance des lois, et la tranquillité publique sera rétablie : alors la Charte constitutionnelle reprendra son exercice, et la dictature cessera son pouvoir absolu. C'est ainsi qu'à Rome on créoit des dictateurs; c'est ainsi qu'en Angleterre on étend dans un moment de crise et de danger imminent les limites des prérogatives royales, qu'on suspend la loi fondamentale de l'*habeas corpus ;* que l'on écarte, par la proclamation de la loi martiale, les barrières de la liberté, on y met un voile comme l'on cachoit les statues des Dieux. « Il ne faut point, dit l'auteur du Contrat-Social, affermir les sociétés politiques jusqu'à s'ôter le pouvoir d'en suspendre l'effet; Sparte elle-même a laissé dormir ses lois. On peut, et on doit tout faire pour le salut du peuple, et la conservation de l'Etat. Voilà la première loi. Voilà le devoir le plus sacré du gouvernement. Voilà le premier principe du Contrat Social. Dans des temps où des novateurs hardis, et d'ardens conspirateurs se réunissent pour dissoudre le corps politique, il faut prendre la foudre et les exterminer. Toutes les factions sont foibles dans leur origine, mais elles s'accroissent et se fortifient en peu de temps; nées du choc des intérêts particuliers et de toutes les passions, elles finissent par le renversement des empires et l'esclavage des peuples. Lorsque le temps, la foiblesse des gouvernemens, l'audace des conjurés leur ont imprimé un nouveau degré de force et de consistance, alors des orateurs séditieux se présentent au peuple pour l'exciter à briser les tables des lois, en flattant ses passions, et en lui offrant les illusions chimériques d'un état impraticable des choses. Ils l'exhortent à la rebellion, au pillage, à la dévastation, en lui parlant sans cesse de souveraineté, de liberté, d'égalité; alors la discorde allume ses flambeaux, la haine envenime les cœurs, et toutes les passions sont conjurées contre l'autorité et l'ordre public; alors le frein des lois et de la religion est rompu; leur glaive vengeur est arraché des mains de la justice; l'union sociale est remplacée par la tyrannie populaire; les propriétés sont envahies et dévastées; les fortunes détruites: alors l'égalité sert de prétexte à l'insurrection; la licence règne sous le masque de la liberté; le patriotisme devient un fanatisme civil; l'impiété répand ses blasphêmes et ses imprécations; elle corrompt toutes les conceptions, pervertit toutes les consciences, consacre tous les crimes. On voit bientôt les têtes courbées sous le despotisme de la multitude. Les chaînes sont préparées, les cachots ouverts, les échafauds dressés et les victimes désignées pour périr au milieu des supplices; la tyrannie et la terreur forcent les citoyens d'aller chercher le repos et la liberté dans des contrees étrangères. Ces révolutions sanglantes sont un attentat plus funeste et plus déplorable encore aux peuples qu'aux gouvernemens; elles sont des conjurations formées contre l'existence des nations, une violation des droits sacrés de la nature, et un outrage fait à l'humanité. Les factions vertes et bleues sous l'empire de Justinien; les Guelphes et les Gibelins en Italie et en Allemagne; les Lancastres et les Yorcks, les Puritains et les Indépendans en Angleterre; les factions de Guise, de Montmorency, de Rohan, les Jacobins en France doivent être, pour les rois de l'Europe, des exemples terribles de tous les genres de maux qui menacent un Etat où le gouvernement laisse une faction s'étendre et se fortifier. A la vue de cet embrâsement général, prêt à incendier la patrie, il faut fermer la Charte constitutionnelle et le livre de la loi; il faut s'armer de la force militaire et prendre le glaive pour punir et venger la société par l'effusion du sang des coupables. Cicéron eut-il recours à de longues formalités pour livrer au glaive du bourreau

reau ces hardis conspirateurs qui vouloient incendier Rome, et donner des fers à leur patrie; tous les siècles et toutes les générations ont proclamé Cicéron le sauveur de l'empire romain et le vengeur de la liberté publique. Son rappel glorieux ne fut point, comme l'observe Rousseau, une grace; on doit le regarder comme un acte d'équité et de reconnoissance générale; Rome répara son injustice et son ingratitude.

Le pouvoir dictatorial, oppressif et tyrannique dans un temps de paix, devient utile et juste dans ces jours de rebellion et d'anarchie où des conspirateurs s'unissent pour renverser le gouvernement, les lois, et pour ensanglanter le trône. « L'institution de la dictature, dit M. Commeyras, fut extrêmement salutaire à la république romaine; ce remède vigoureux se montra très-propre à guérir les maux de l'Etat, soit qu'ils vinssent de l'intérieur ou du dehors. En effet les divisions intestines ne venant que d'un conflit d'autorité entre les deux différens pouvoirs, une puissance supérieure à ces deux pouvoirs tranchoit les nœuds des difficultés; tous obéissoient au dictateur, et la querelle finissoit. Si l'urgence du péril venoit du dehors, Rome réunie sous un seul chef ne manquoit pas de retrouver toutes ses forces, le dictateur imprimoit à la puissance exécutrice une plus grande célérité, à la discipline militaire une nouvelle vigueur, aux lois leurs facultés répressives. Ainsi les causes qui avoient affoibli l'Etat disparoissant, le gouvernement se régénéroit à la faveur de cette institution salutaire.

De la religion.

Les chefs des nations réuniront à la politique et à la législation les principes religieux. La religion imprime aux lois un caractère de force qu'elles ne peuvent attendre des institutions humaines; elle perfectionne la législation en y incorporant, en quelque sorte, les devoirs et les préceptes de la morale chrétienne, dont le plus grand nombre ne peut être soumis ni à l'autorité du législateur, ni à l'inspection du magistrat. Ses promesses et ses sermens suppléent à l'insuffisance de la sanction civile. La religion consacre la puissance des rois, en règle l'exercice, leur prescrit la justice, et leur impose des devoirs et des sacrifices; elle ordonne aux peuples l'obéissance et la fidélité.

Tous ceux qui ont lu avec attention les annales des empires sont instruits que le mépris, ou l'oubli des principes religieux, a produit les malheurs des nations, l'anarchie des sociétés et les crimes des révolutions. Lorsque les Romains commencèrent à mépriser leurs dieux, leurs ministres, leurs oracles, leurs cérémonies, ils ne respectèrent plus la foi des traités; lorsqu'ils perdirent leur respect pour ces lares, ces pénates, ces dieux domestiques qui faisoient de leurs maisons autant de temples, et des chefs de famille autant de pontifes qui étoient les censeurs et les vengeurs publics, alors les divisions intestines déchirèrent la république. C'est à cette époque que le germe de l'esclavage commença à naître. Montesquieu met parmi les principales causes de la décadence des Romains l'oubli et l'indifférence de la religion et du culte public. L'athéisme proclamé publiquement dans la convention nationale de France ; l'institution de cette religion philanthropique, mélange monstrueux d'hypocrisie, de mensonge et d'impiété, enseignée dans les temples sacrés par des hommes qui réunissoient la férocité des mœurs à la perversité du cœur ; les mépris, les railleries, les outrages que le peuple Athée affectoit de répandre sur la religion, ses ministres et les cérémonies de l'Eglise, ont produit ces malheurs et ces crimes dont nous avons été les témoins et les victimes. Le frein sacré de la religion ayant été rompu, tous les vices ont inondé la société ; la corruption a ouvert ses sources empoisonnées, tout a été crime excepté le crime lui-même. On fera des lois pour arrêter ce cours continuel et effrayant ; mais nous demanderons : que peuvent les lois sans les

5.

sentimens religieux ? Il faut donc un principe actif qui suivant l'homme dans la solitude et les ténèbres, entre dans son cœur pour y créer des vertus et des remords ; qui place les qualités sociales dans le cercle des devoirs, et qui, en les faisant chérir, et en facilitant les moyens de les accomplir, mette du prix, du plaisir même aux sacrifices que l'on fait pour la chose publique. La religion met dans le sein des familles un héritage de bonnes actions, qui sont les pierres angulaires de la liberté. La loi est alors dans le cœur, et la confiance en est le magistrat le plus éclairé et le plus intègre.

Les rois doivent défendre et protéger la religion de l'Etat ; ils doivent punir l'athée qui prêche publiquement sa doctrine d'impiété ; alors il trouble l'ordre public, il attaque la religion nationale, il viole le pacte social, et devient un mauvais citoyen. Les Grecs chassoient de leurs Etats le sophiste pervers qui osoit nier l'existence de la Divinité ; l'Aréopage instruit des troubles que répandoit dans la république d'Athènes le système affreux de Diagoras, enseignant qu'il n'y avoit d'autre Dieu que la fatalité, mit sa tête à prix, et le décret de proscription fut gravé sur une colonne d'airain. Alcibiade accusé d'avoir mutilé une statue de Minerve et profané les mystères sacrés, fut condamné à mort. A la Chine, une étude approfondie de la science des mœurs est la seule voie pour obtenir la magistrature, ou pour parvenir au ministère. Le congrès américain qu'on n'accusera pas sans doute d'intolérance et de superstition, a statué par une loi fondamentale que l'homme qui professoit l'athéisme étoit indigne d'exercer des fonctions publiques, et que, pour être admis aux charges de l'Etat, il faut aimer la religion nationale.

Les rois puniront les apôtres du fanatisme et les prédicateurs séditieux des fausses doctrines; mais ils protégeront les ministres de la religion, et les respecteront lorsqu'ils s'honoreront par leurs vertus, lorsqu'ils annonceront les vérités saintes de l'évangile, et que du haut des tribunes sacrées ils recommanderont au peuple l'amour de la patrie, l'obéissance aux lois, la vénération et la fidélité envers son souverain et ses magistrats. Leur ministère est saint et auguste. Les prêtres d'Isis en Egypte, les lettrés de la Chine, les bramines du Gange, les gymnosophistes de l'Inde, les mages de Perse, les chaldéens de l'Assyrie, les augures de Rome, les druides des Gaules obtenoient le respect des peuples, et occupoient les premières dignités de l'Etat. Lorsque le pouvoir temporel les eut avilis en les dépouillant de leurs propriétés et de leurs fonctions; lorsqu'ils devinrent étrangers à la législation et au système politique des gouvernemens, les empires furent livrés à toutes les horreurs des factions et des guerres civiles, les nations furent asservies par des tyrans et soumises à des usurpateurs. Si le sacerdoce est livré au mépris ou à l'indifférence, le peuple ne verra dans la religion qu'une institution politique; il perdra ses mœurs, et sa corruption le conduira infailliblement à la misère et à la servitude. Les ministres de l'évangile sont les soutiens des malheureux, les protecteurs des opprimés, les bienfaiteurs de l'humanité souffrante; ils réconcilient la terre coupable avec le Dieu de clémence et de miséricorde; ils remplissent dans toute leur étendue les devoirs des premiers sujets du monarque; ils sont, par l'éminente prérogative de leur caractère, le modèle, la règle et la loi des autres citoyens.

Sur les mœurs et la morale.

Les chefs des nations établiront entre les mœurs et les lois, les opinions et les gouvernemens, ces rapports qui doivent unir la politique et la législation à la morale. Chez les anciens, les créations morales avoient de la profondeur et de la puissance. Les souverains, dans cette partie de l'administration publique, doivent retracer dans leurs institutions cette sagesse qui épuroit autrefois les mœurs publiques, et transformoit une multitude éparse en un véritable corps de nation. Sans mœurs, il ne peut y avoir ni patrie, ni lois, ni justice, ni liberté, ni bonheur. La morale est aussi nécessaire à l'harmonie sociale que les grandes forces de la nature à l'harmonie de l'univers; sans les mœurs, la législation n'est qu'un vain ouvrage des arts; les lois toutes seules feront des esclaves, mais les lois unies avec les mœurs formeront des hommes libres et des citoyens vertueux. N'oublions jamais que les mœurs fortifient les bonnes lois, suppléent aux lois insuffisantes et corrigent les mauvaises; des guerres malheureuses peuvent mettre en danger l'Etat, mais s'il a des mœurs, il ne doit craindre ni les maux de l'anarchie, ni les crimes de la tyrannie, ni les attentats de la rebellion. Le corps politique affermi sur cette base immortelle bravera les fureurs des révolutions; sa force et sa puissance en imposeront à tous ses ennemis. Un peuple vertueux ne périra jamais. La Grèce dans la simplicité de ses mœurs fut heureuse et brillante, mais leur affoiblissement prépara sa destruction. Rome dans la rigidité de ses mœurs présenta le spectacle de la gloire et de la grandeur, mais les richesses, le luxe, l'ambition enfantèrent les factions, les guerres civiles, les proscriptions, l'esclavage et la ruine de l'empire romain. La

Chine conserve ses mœurs ; conquise mille fois sans être jamais subjuguée, elle a vu périr ses dynasties, sans voir tomber son gouvernement : plus forte même que ses vainqueurs, elle a toujours soumis leurs armes à sa constitution ; et tandis que de toutes parts les républiques et les royaumes semoient de nos débris notre malheureux globe, la Chine seule est restée debout au milieu de ces ruines. Les bonnes mœurs ont cessé de diriger les nations, il n'y a plus ni justice, ni honneur, ni vertu, ni religion : le luxe, l'ambition, l'égoïsme, l'amour des richesses, et toutes les passions ont corrompu les conceptions et perverti les consciences. Tout ne semble-t-il pas annoncer une triste révolution dans l'existence politique des peuples de l'Europe.

Il faut ici proclamer une grande vérité relativement au bonheur des Etats. « Le respect pour les mœurs, dit éloquemment un orateur chrétien, a cet avantage infini sur les lois, que le premier y suppose toujours la vertu mère de la félicité générale, tandis que les secondes ne supposent jamais que des vices d'ou les lois sont issues, comme les remèdes sont nés de nos maux. Nous venons répéter avec les moralistes cette maxime éternelle, que les lois ne peuvent rien sans les mœurs, tandis que les mœurs peuvent tout sans les lois. Ils n'avoient point de lois ces Scythes qui promenoient sur leurs chars grossiers la frugalité, l'innocence, la bonne foi, le courage et la gaieté! Ils n'en avoient pas ces Gètes, dont les filles recevoient pour dot les vertus de leurs pères, ne donnoient la vie à de nombreux enfans que pour les faire naître au bonheur! Ils en avoient peu ces Germains, nos ancêtres, dont les mœurs simples font frissonner notre mollesse, mais qui dans leurs bois et parmi leurs marécages jouissoient d'un contentement et d'une tranquilité que des milliers de réglemens n'ont encore pu fixer dans nos villes! Il y en avoit peu dans cette Égypte qui mérita d'être le berceau de la sagesse et l'asyle des dieux! Il y en avoit peu dans cette Crète, dont le gouvernement sage et fortuné a produit les fables intéressantes de Saturne et de Rhée! Quand on n'a que des lois, il en faut une pour chaque espèce d'abus; il en faut une pour chaque genre de biens: les mœurs au contraire sont-elles respectées, il n'y a rien d'honnête qu'on ne fasse, rien d'injuste qu'on ne fuie; il ne faut à l'homme ni injonction, ni défense; il ne faut à l'Etat ni magistrats, ni bourreau. Avec les lois, vous n'aurez que des esclaves traînés à l'obéissance par la frayeur: avec des mœurs, vous aurez des citoyens conduits au devoir par le sentiment. Combien de circonstances où les lois demeurent sans vigueur; ils n'en est aucune où les mœurs perdent toute leur autorité. Combien d'occasions où les lois se taisent, il n'en est aucune où les mœurs soient muettes. L'adresse plie les lois et le pouvoir les rompt; mais que peut contre les mœurs la ruse ou la force; on n'émousse pas le poignard du remords avec la même facilité que le glaive de la justice. Montesquieu dit avec raison : « Plus d'Etats ont péri, parce qu'on a violé les mœurs, que parce qu'on a violé les lois.

Législateurs des empires, rétablissez dans leur temple, dans les cœurs des citoyens les mœurs, ces divinités tutélaires des lois, ces protectrices de la liberté, ces gardiens fidèles et éternels des propriétés; donnez au nom sacré de citoyen sa pureté originelle, sa religieuse grandeur; soyez les prêtres de la morale publique, exercez ce grand sacerdoce avec ce zèle, cet enthousiasme qui font des martyrs et des héros.

Des devoirs généraux.

Les rois régneront par la justice, et se feront aimer par leurs bienfaits; la justice est cette vertu publique qui assure le bonheur des peuples, et garantit la durée des empires; sans la justice, les Etats périssent, les souverains tremblent sur leur trône, et les nations se dégradent. La justice est une émanation de la Divinité, elle est de tous les temps et de tous les lieux; elle ne varie point au gré des événemens et des révolutions politiques; elle est immortelle comme son auteur. Le législateur souverain réunira dans son administration la fermeté et la sagesse; la puissance royale sera appuyée sur la justice et sur la force, leur union seule rendra le trône inébranlable; la justice est la vie et l'ame du souverain; la force assure l'exécution des lois et maintient l'ordre social; alors le peuple est attaché au prince par les liens de l'amour et du respect; le prince est attaché à son peuple par ses propres bienfaits. Mais si l'équilibre est rompu, si la justice cesse de diriger les actes de la force, si la force ne tend qu'à contraindre ou interrompre la justice, alors les nœuds se relâchent : la justice, dépouillée de son autorité protectrice, n'inspire plus de respect; la force, séparée de la loi qui en consacre l'usage, n'inspire plus que la terreur; le sentiment se glace, les cœurs s'isolent, l'amour de la patrie s'éteint, les malheurs publics ne touchent plus les hommes qui n'ont plus d'intérêt d'être citoyens; ou si enfin ces maux se font sentir, ce n'est point pour inspirer des ressources, rassurer l'industrie, éveiller le patriotisme; c'est pour exciter des murmures, produire le découragement, et entretenir les dissentions qui préparent lentement la chute des plus puissans empires; et combien de fois l'expérience n'a-t-elle pas fait voir, dans ces crises déplorables, la force égarée se tourner contre elle-même, et renverser aveuglement l'instrument qui lui avoit donné le mouvement et l'activité.

Les chefs des nations verront que c'est sur la législation que repose l'édifice social; que des lois injustes ou irréfléchies détruisent la force des gouvernemens, produisent la rebellion des peuples, et préparent de tristes et sanglantes révolutions; ils donneront à leurs peuples un code civil destiné à établir l'ordre social et l'ordre moral. Ce code de législation réglera l'exercice des droits civils et des droits politiques, fixera tous les rapports, soit d'intérêt, soit d'affection, qui peuvent exister parmi les citoyens; organisera les familles, déterminera les droits des pères, des époux, des héritiers, en suivant les principes de l'équité naturelle, et en veillant sur le maintien des mœurs et sur le sort de la prospérité publique : il investira le mariage de toute sa dignité et de toutes ses prérogatives, le rendra sacré et inviolable, prohibera le divorce qui est un outrage fait à l'humanité, à l'ordre social, aux mœurs, à la religion, et qu'on a appelé avec raison le sacrement de l'adultère. Les enfans naturels seront placés à une distance infinie des enfans légitimes; les épouses seront maintenues dans une heureuse dépendance. La puissance paternelle, qui a pour base la conservation et l'instruction des familles, et peut-être le meilleur garant que la patrie puisse obtenir de la moralité des citoyens; la piété filiale, qui devient le germe des vertus, seront fixées dans ces limites qui assureront la paix, et conserveront les mœurs publiques. L'ordre des successions sera fondé sur les principes naturels et sur les maximes de l'ordre social ; la liberté publique sera associée avec cette politique qui en règle l'exercice et en restreint l'usage. Une jurisprudence constante fixera l'exécution des traités et des transactions ; c'est ainsi qu'un législateur sage et éclairé rendra le peuple libre, florissant et heureux. Il affermira sa législation sur la force de son gouvernement et sur la stabilité de ses lois. Les législateurs des anciens peuples ont gravé leurs lois sur la pierre et sur l'airain, emblêmes de leur durée et de leur perpétuité. Les législateurs modernes les graveront dans les cœurs de leurs sujets en caractères ineffaçables ; elles seront fondées sur la nature, la raison, la liberté et l'ordre social. Les arcs triomphaux s'écroulent et disparoissent ; le bronze et l'airain, sur lesquels sont gravés les conquêtes des guerriers, tombent avec fracas ; mais la mémoire d'un grand législateur et d'un bon roi ne périt point, elle est liée avec l'existence de l'univers, et l'univers la présente aux générations qui se succèdent les unes aux autres.

Les rois placeront l'agriculture au premier rang des intérêts politiques; elle est la base des Etats et la source des revenus publics. C'est dans les sillons, dans les domaines des cultivateurs qu'il faut chercher la puissance et la prospérité des nations; toute richesse qui vient d'ailleurs que de la terre est artificielle et précaire, soit dans le physique, soit dans le moral. Un Etat bien défriché, bien cultivé, produit des hommes par les fruits de la terre, et les richesses par les hommes. Ce ne sont point, suivant la belle pensée de Raynal, les dents du dragon que Jason sème pour enfanter les soldats qui se détruisent, c'est le lait de Junon qui peuple le ciel d'une infinité d'étoiles; c'est dans les champs couverts d'épis que germe la victoire. Celui qui a dit que le trident de Neptune est le sceptre du monde, ignoroit ces principes d'économie politique qui constituent la force d'un Etat; car la charrue du laboureur détruite, le trident de Neptune est brisé. Les rois introduiront dans l'administration des finances un esprit d'ordre et d'économie qui supplée à l'imperfection des lois financières; ils adopteront ce principe conservateur qui consiste à régler définitivement le passé, à assurer le présent, et à disposer par prévoyance de l'avenir: telle est la triple combinaison de ce dogme administratif sur lequel repose l'ordre public ; ils réprimeront ces jeux meurtriers de l'agiotage qui corrompent les mœurs publiques, et frappent de stérilité cette sève régénératrice et ce principe de fécondité qui vivifient toutes les branches de l'industrie nationale. C'est dans la création et la perception des impôts que les gouvernemens doivent montrer une grande justice et une grande sagesse. Ils adopteront un mode simple de perception, juste dans ses bases et perpétuel dans ses proportions ; pour soulager les propriétaires et diminuer les impositions territoriales, ils créeront des impôts indirects, établiront des taxes de cautionnemens et des octrois. Le législateur souverain regardera la dette publique comme une propriété sacrée commise à sa garde; alors on verra un lien d'attachement et de confiance entre le gouvernement et le citoyen, une garantie d'une bonne administration et un signe infaillible du succès de toutes les grandes entreprises; dans son système monétaire, il verra que c'est une mauvaise opération que celle de toucher aux monnoies. « Tout changement, dit Thomas, dans cette partie, porte des plaies mortelles au commerce par l'extinction de la confiance, par le resserrement des bourses, par les embarras et le désavantage du change, par le renversement des fortunes.

Les rois encourageront la multiplication de l'espèce humaine, et la population sera le sujet de leurs profondes méditations; chez toutes les nations et dans tous les siècles, on a regardé la multiplication des hommes comme essentielle à la prospérité des Etats. Ils s'occuperont de toutes les parties de l'administration commerciale; le commerce soutient l'agriculture, les manufactures; l'industrie franchit toutes les mers, parcourt toutes les contrées, ouvre tous les trésors de l'univers, il faut lui donner une grande liberté. Cependant il faut y poser des limites, elles sont marquées par la nature. Le commerce doit être proportionné à l'étendue et à la qualité du sol, à sa fertilité, au nombre de ses habitans. Il ne faut jamais oublier cette leçon instructive que nous donne l'histoire; elle nous apprend que les nations commerciales ont brillé pendant quelque temps, mais que bientôt elles ont disparu pour aller s'ensevelir dans la nuit du tombeau; tel fut le sort de Tyr, de Sidon, de Carthage. Les peuples riches furent toujours forcés de succomber sous les efforts des nations pauvres; l'Asie devint la proie des Macédoniens; Rome, enrichie des dépouilles de la terre, fut conquise à son tour par des guerriers

riers indigens et sauvages, que le nord avoit vomis de ses flancs glacés ; telle sera peut-être la destinée de l'Angleterre, elle s'écrasera sous son propre poids, au milieu de ses richesses et de ses trésors. Sans doute la violence et l'injustice ont servi à conquérir et à dominer ; mais on ne voit point que l'une et l'autre aient servi à conserver. Elles exaltent d'abord la force et l'énervent ensuite. Le monde se gouverne par la sagesse, et s'entretient par la concorde des élémens. Les nations ne se maintiennent que par la justice, et les gouvernemens ne se soutiennent que par cette modération qui ne se dément jamais.

Les gouvernemens s'occuperont de la marine; sans marine, on n'a point de commerce, et sans commerce, l'agriculture languit. Ils nommeront au commandement des flottes et des vaisseaux des hommes expérimentés dans l'art des grandes manœuvres. Ils sauront que la nature contribue à former un homme de mer, mais que c'est à l'étude à l'achever, et à l'expérience à le seconder; l'expérience est utile dans tous les états, et sur-tout dans la marine elle est préférable à la science théorique; dans les combats, c'est toujours la manœuvre qui décide la victoire. Cette science, qui est celle des forces mouvantes appliquées à la marine, exige des connoissances qu'on ne peut acquérir que par de longues études et une pratique constante.

Les gouvernemens étendront le domaine des connoissances humaines, encourageront les progrès des sciences et des arts, ils sont une branche essentielle de la prospérité nationale. Le génie les crée, l'émulation les entretient. Semblables au sang qui circule dans les veines, ils animent tout et soutiennent la puissance des gouvernemens. Les législateurs souverains s'occuperont de la partie importante de l'instruction publique; ils s'appliqueront, par des institutions salutaires, à former de bons citoyens; ils nommeront des professeurs sages, éclairés, vertueux; ils graveront dans le cœur des jeunes gens le nom sacré de religion, de vertu, de justice, de bienfaisance; ils cultiveront, arroseront ces jeunes plantes de ces eaux vivifiantes, qui dans leur maturité produiront des fruits abondans; ils leur inspireront l'amour de la piété filiale, la soumission et le respect à leurs supérieurs, et cette tendre humanité qui console le malheureux et soulage l'indigent; ils leur feront craindre cette oisiveté aussi nuisible au bien de la société que contraire à leur propre bonheur. C'est ainsi que, par des leçons utiles et des préceptes de morale et de sagesse, ils formeront pour la religion et pour l'Etat des ministres vénérables ; des magistrats intègres, des guerriers humains, des négocians laborieux et probes, des artisans utiles et industrieux, des philosophes sages et chrétiens. Les législateurs réprimeront la mendicité, multiplieront les établissemens de la bienfaisance, les asyles de la charité et de l'humanité souffrante ; ils jouiront du plaisir si doux de tarir les larmes de l'affliction et de voir couler les pleurs de la reconnoissance ; ils récompenseront les guerriers qui ont combattu pour l'Etat, et ils assureront aux braves soldats qui ont versé leur sang pour la patrie une ressource contre l'indigence et la misère ; ils établiront une discipline sévère ; ils se rappelleront que ce sont des corps essentiellement obéissans qui doivent être étrangers à tous les actes de l'administration ; que lorsque les soldats veulent se mettre au-dessus des citoyens, les chefs ne manquent pas de se mettre au-dessus des magistrats ; que la force alors est substituée à la loi, et la volonté de l'armée à l'action du gouvernement : l'homme de guerre ne connoît d'autres liens que ceux qui l'attachent à son commandant ; il ne tient à la patrie que comme les lierres qui étouffent peu à peu l'arbre dont ils ravissent les sucs nourriciers. Les rois verront par les leçons de l'histoire que le gouvernement militaire est un gouvernement qui détruit la puissance de celui qui en est le chef, et que les Etats se gouvernent par des lois civiles, et non par des réglemens militaires.

Les souverains ne prendront point les armes pour attaquer l'indépendance des nations; ils ne feront point des guerres injustes et offensives; ils seront les médiateurs entre les peuples et les rois; ils ne connoîtront point cette diplomatie machiavélique qui consacre la fraude et l'usurpation; ils ne s'enseveliront point dans les replis tortueux d'une politique artificieuse pour tromper et séduire; ils n'auront pas l'ambition des conquérans, parce que les conquêtes épuisent les Etats; s'ils sont forcés de combatre pour repousser les aggressions d'un ennemi injuste, ils ne cesseront de lui présenter l'olivier de la paix et le signe de la réconciliation; s'ils sont vainqueurs, ils ne corrompront point les fruits de leurs victoires par des actes de cruauté; sur le théâtre même de la mort, et au milieu des cris des mourans, ils écouteront la voix de l'humanité; ils seront généreux et clémens envers les prisonniers : dans les revers ils seront grands et fiers, ils donneront plus d'énergie à leur ame, et plus d'étendue à leur génie; ils verront dans leurs traités d'alliance un triple objet d'utilité publique, 1.° d'étendre le commerce national; 2.° d'augmenter leur puissance fédérative; 3.° de faire servir les forces des autres gouvernemens à maintenir leurs propres forces; ils observeront avec fidélité leurs traités; tous les moralistes les regardent comme sacrés et inviolables; il n'est pas permis sans doute de les violer, lorsqu'ils ont la justice pour base; si la force en a été le principe, on peut les rompre par la même force; ce que l'artifice a fait obtenir peut être éludé par l'artifice : ce que la ruse a enlevé peut être enlevé par la ruse. Que l'on ne croie point que ces principes tendent à bannir la bonne foi des traités, ils servent à prouver que pour acquérir le droit d'exiger leur accomplissement, il faut que la justice en ait été l'origine et les bases : jamais on n'aura le courage de blâmer un souverain qui n'observera pas un traité visiblement destructeur pour son peuple : tout traité suppose des avantages réciproques ; on peut sans doute renoncer à quelques droits, mais il n'est point d'avantages assez grands pour se priver de ceux qui sont essentiels à la sûreté et à la conservation de la société, dont les droits sont inaliénables. Les traités ne peuvent être que conditionnels, ils ne peuvent subsister qu'autant qu'ils n'entraînent point la ruine des parties contractantes. Les monarques, chargés de veiller à la gloire et au bonheur de leurs peuples, en sont les conservateurs et les dépositaires ; lorsque par leurs engagemens forcés la société se trouve évidemment lésée, son bonheur anéanti, sa sûreté détruite, la loi naturelle et la justice distributive qui veulent que tout tende à les conserver, les autorisent à rompre des engagemens dictés par la force et la violence.

Les rois n'imiteront point ces sombres despotes qui, renfermés dans l'ombre de leurs palais, se dérobent aux regards de leurs peuples, et n'entendent que par des organes étrangers ou corrompus ; ils verront tout par eux-mêmes et profiteront de tout ; ils se montreront à leurs sujets, pour recevoir le témoignage de leur amour et de leur vénération ; ils enchaîneront toutes les factions ; placés entre des hommes turbulens et factieux, ils rassureront les uns par leur modération et contiendront les autres par leur fermeté ; ils réprimeront l'audace des innovateurs, ils s'opposeront aux changemens que des esprits inquiets et dangereux voudront introduire dans l'Etat ; ils sauront que la fermeté éclairée est le grand art de régner, que la foiblesse du caractère menace leur autorité et la renverse quelque fois, qu'une loi long-temps méditée, et un projet conçu dans le silence et la réflexion, doivent être exécutés dans toute leur intégrité, que la lenteur ou l'inexécution des lois fait meconnoître l'autorité légitime, enhardit les séditieux et prépare ces factions qui, foibles dans leur origine, excitent le peuple à la révolte et deviennent des insurections générales ; ils dégageront l'administration de ces rouages, de ces leviers, de tous ces instrumens qui génent sa marche, rallentissent ses mouvemens; ils consulteront ces écrivains sages qui éclairent le gouvernement et présentent des vues utiles au bien public ; ils appelleront dans leurs conseils des hommes instruits, et confieront les fonctions publiques à des citoyens qui réunissent les talens à la moralité; ils puniront celui qui aura trompé leur justice et égaré leur religion; ils éloigneront de leur présence et de leur cour ces flatteurs et ces caméléons politiques, qui veulent aller à la fortune et aux honneurs par l'intrigue et la bassesse; ils arrêteront la licence de ces écrivains séditieux qui prostituent leur voix, vendent leur conscience au mensonge et à la calomnie, sèment dans les esprits des idées subversives de tout ordre social, et dans les cœurs des désirs corrompus ; ils ne souffriront point les établissemens des sociétés populaires et des associations secrètes, elles combattent la volonté générale, usurpent les droits de l'autortié légitime, entravent et enchaînent toutes les opérations du gouvernement, entretiennent les haines et les méfiances, proclament des principes anarchiques, excitent et alimentent les passions de la multitude ; ces sociétés sont un attentat perpétuel contre l'ordre immuable de la justice, parce qu'elles usurpent le droit d'interpréter les lois. Les membres audacieux de ces sociétés parlent sans mission et sans pouvoir. Toute assemblée qui ne parle pas au nom de la volonté générale et du gouvernement, est une assemblée illégale et séditieuse, que l'autorité doit se hâter de dissoudre. Dans les républiques anciennes, il n'y avoit point de sociétés populaires, il y avoit des places publiques où du haut des tribunes, ou du *rostra*, on instruisoit le peuple. On ne reconnoissoit aucune secte politique, on ne se rassembloit point sous la bannière d'un ligueur, mais on se rallioit sous les étendards de la patrie, et on prenoit les armes à la voix du magistrat suprême qui parloit au nom de la volonté générale ; sans doute chaque citoyen a le droit d'éclairer le gouvernement et de lui offrir le tribut de ses pensées pour l'amélioration de la chose publique, mais il n'a que des observations à faire, des conseils à donner, et des vœux à offrir.

Les rois rejetteront l'espionnage et briseront les honteux instrumens de la tyrannie, de la terreur et de la lâcheté ; ils défendront la liberté publique et l'environneront des formes protectrices de la loi ; des esclaves peuvent être soumis à la crainte ; mais des hommes libres ne doivent obéir qu'à la loi et n'observer que la justice. Ils dédaigneront ces délations secrètes dont un gouvernement foible et corrompu se sert pour opprimer les consciences, et pour sacrifier à ses sombres jalousies, à ses vengeances, à son despotisme, ces hommes fidèles et courageux dont il craint la surveillance et redoute les lumières et les vertus ; ils verront que c'est au magistrat de dénoncer et à la loi de punir ; s'ils ont des maux à réparer, ils sentiront que protéger ceux qui les ont causés, est une foiblesse cruelle et dangereuse pour eux-mêmes ; ils sauront que la spoliation est toujours odieuse, qu'elle ne peut être légitimée par aucune circonstance, et que, si quelque motif excusable a pu l'autoriser dans son principe, elle est toujours un crime tant qu'elle n'est pas réparée ; ils pardonneront les erreurs, les foiblesses, et protégeront l'innocence ; ils auront cet orgueil utile qui fait de grandes choses, et donne ce caractère de grandeur qui est la vertu des ames fortes ; il leur sera quelquefois permis d'être soupçonneux ; le vice se présente quelquefois avec les attraits de la vertu, et le mensonge se pare des charmes de la vérité : cette séduction trompe le génie et la sagesse des rois, mais cette défiance ne sera point l'ouvrage d'une politique sombre et inquiète qui a rendu si odieux le nom et la mémoire de Tibère; ce sera ce sentiment réfléchi qui leur donnera des notions justes sur les mœurs et le caractère des hommes, et qui leur fera découvrir leurs intentions intimes et leurs pensées secrètes à travers les replis de leur dissimulation et les détours de leur hypocrisie. Ils fortifieront leur caractère, étendront les ressorts de leur ame, et se feront un héroïsme des circonstances autant que des principes; ils n'oubliront jamais que les maximes des gouvernemens influent sur les mœurs des peuples, et que leurs vices punissent le gouvernement de la corruption qu'il a fait naître. Enfin les rois pratiqueront dans leur vie privée les vertus morales de l'homme religieux; ils montreront les qualités aimables des bienfaiteurs de l'humanité; ils trouveront dans l'union conjugale et dans le sein de leur famille, ces douceurs et ces consolations de la vie domestique, qui ont pour les ames saines un charme que les cœurs corrompus ne peuvent connoître. C'est dans la pratique de ces devoirs et dans l'exercice de ces vertus que les rois trouveront leur gloire et leur bonheur; ils seront témoins de la félicité de leurs peuples;

toutes les générations et tous les siècles béniront leur nom, leur mémoire, célébreront leurs vertus et leurs bienfaits. Dieu leur accordera cette palme de gloire et d'immortalité qu'il réserve à ces rois qui auront rempli avec fidélité les devoirs que la royauté et la religion leur imposent.

FIN.

www.ingramcontent.com/pod-product-compliance
Ingram Content Group UK Ltd.
Pitfield, Milton Keynes, MK11 3LW, UK
UKHW012054240726
13965UKWH00003B/1288

9 782013 073479